웅진주니어

독해력은 새로운 정보와 지식을 받아들이는 도구로서 학습 능력을 좌우하는 중요한 능력이에요. 단순히 글자를 읽는 것이 아니라 글에 담긴 글쓴이의 의도를 파악하고, 글을 통해 알게 된 내용을 생활에 활용하는 능력까지 포함해요. 독해력의 바탕은 세 가지예요. 첫째, 어휘력이에요. 어휘는 글의 기본 요소로, 어휘의 뜻을 모르면 글의 내용을 알 수 없어요. 따라서 어휘를 많이 알수록 독해력이 좋아져요. 둘째, 배경지식이에요. 배경지식이 풍부하면 글에 숨겨진 의도와 생각을 짐작할 수 있어, 글을 더 재미있고 효과적으로 읽을 수 있어요. 셋째, 글의 종류에 적합한 읽기 방법이에요. 글의 갈래에 따라 주제를 찾는 방법도 다르기 때문에 갈래마다 알맞은 읽기 방법을 알아야 해요. 「토픽으로 잡는 똑똑한 초등 독해」는 어휘, 배경지식, 갈래에 따른 읽기 방법을 익힐 수 있도록 구성했어요.

이 책의 특징

1 읽고, 이해하고, 알아 가는 즐거움이 있는 새로운 독해 프로그램!

낱낱의 주제를 가진 지문을 읽고 문제를 푸는 방식에서 벗어나 하나의 토픽을 중심으로 다양한 영역의 지문을 담았습니다. 토픽을 다양한 관점에서 살펴보고, 탐색하는 과정에서 읽고, 이해하고, 알아 가는 즐거움을 느낄 수 있어요.

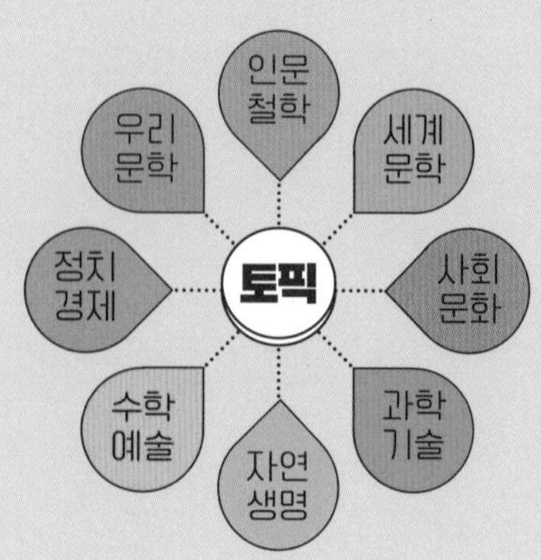

2 호기심을 자극하는 토픽으로 교과를 넘어 교양까지!

국어, 수학, 사회, 과학 등의 교과와 추천 도서에서 뽑은 인문, 철학, 사회, 문화, 자연, 과학, 수학, 예술 등 여러 영역을 아우르는 토픽을 통해 교과 지식은 물론 폭넓은 교양을 쌓을 수 있어요.

꼬리에 꼬리를 물고 이어지는 글을 읽으며 독해력, 사고력, 표현력을 한 번에!

꼬리 물기 질문을 통해 독해 포인트를 알고 효과적으로 글을 읽을 수 있어요. 또 토픽에 대한 생각을 글로 표현하며 독해력과 사고력, 표현력을 키울 수 있어요.

글의 종류에 알맞은 핵심 질문을 통해 어떤 글도 자신 있게!

신화, 고전, 명작 등의 문학 글과 설명문, 논설문, 편지, 일기 등의 비문학 글까지 다양한 형식의 글을 접하고 읽는 즐거움을 경험해요. 여러 형식의 문제를 풀며 어떤 글이든 읽어 내는 자신감을 키워요.

독해력의 기초인 어휘력을 탄탄하게!

한자어, 합성어, 파생어, 유의어, 반의어, 상·하의어처럼 어휘 관계를 통해 어휘를 익히고, 관용 표현, 맞춤법도 배워요.

이렇게 공부해요!

흥미로운 토픽으로 생각의 문을 열다!

단계 토픽에 관련한 다양한 질문을 읽으며 배경지식을 활성화하고, 학습 계획을 세워요!

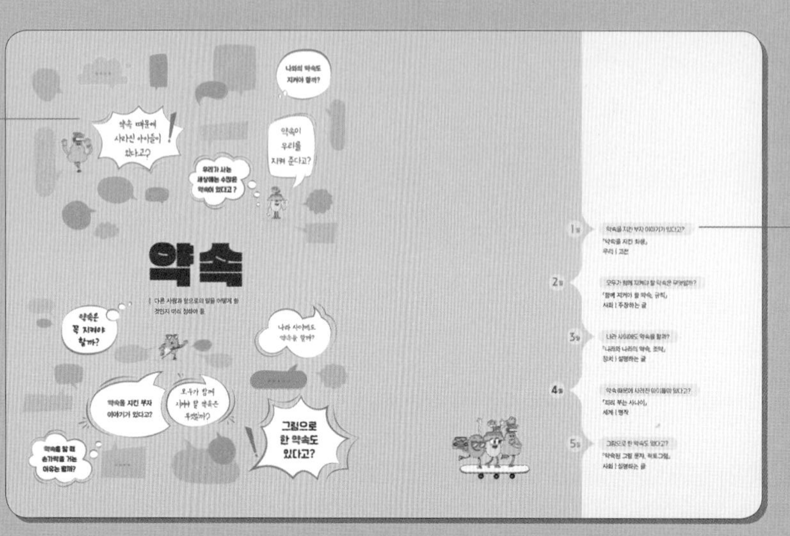

질문을 읽으며 토픽에 대해 알고 있는 것을 떠올려 봐! 아는 것을 많이 떠올릴수록 글을 더 잘 읽을 수 있어!

날마다 읽게 될 글의 갈래와 제목을 살펴보며 공부 계획을 세워 봐!

질문에 대한 답을 찾으며 생각을 키우다!

단계 읽기 목표에 따라 글을 읽고, 질문을 통해 갈래에 알맞은 읽기 방법을 배워요!

발견의 기쁨, 유레카

글에서 꼭 살펴야 할 내용이 무엇인지 먼저 보고, 읽기의 목표를 세워 봐!

뜻풀이를 보며 어휘를 맞혀 봐! 초성을 보면 쉽게 답을 찾을 수 있어!

글의 갈래에 따라 꼭 알아야 할 것을 묻는 문제야. 질문에 대한 답을 찾으며 독해력을 키워 봐!

곳곳에 도움을 주는 친구가 있어! 친구가 하는 말을 읽으면 문제가 술술 풀릴 거야!

글의 중심 내용이 무엇인지 생각하며 차근차근 글을 읽어 봐!

3단계 다양한 어휘 활동과 토픽 한 줄 정리로 생각을 넓히다!

독해력의 기초인 어휘력을 탄탄히 다지고, 내 생각을 글로 표현해요!

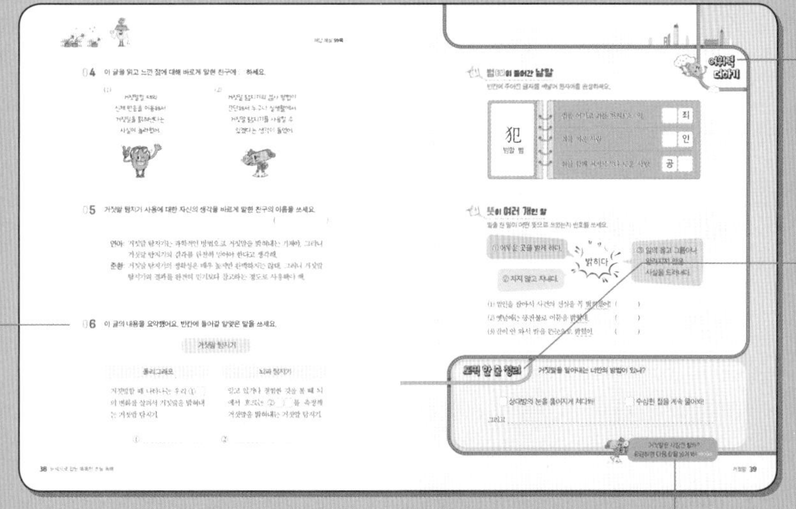

어휘력을 키우는 다양한 활동이 있어. 힌트를 보며 문제를 풀고, 어휘와 뜻을 큰 소리로 읽어 봐!

토픽에 관한 네 생각을 써 봐! 날마다 생각을 쓰는 연습을 하면 표현력도 쑥쑥 자랄 거야!

마지막 문제는 글의 내용을 정리하는 요약하기야. 빈칸을 채워 글을 완성하고, 큰 소리로 읽어 봐! 글의 내용을 기억하는 데 도움이 될 거야!

다음에 이어질 글의 내용을 짐작해 봐! 그리고 내가 짐작한 내용과 실제 글의 내용을 비교해 봐!

4단계 스스로 학습을 점검하며 생각을 다지다!

내가 알고 있는 것과 모르는 것을 구분하는 메타 인지를 훈련해요!

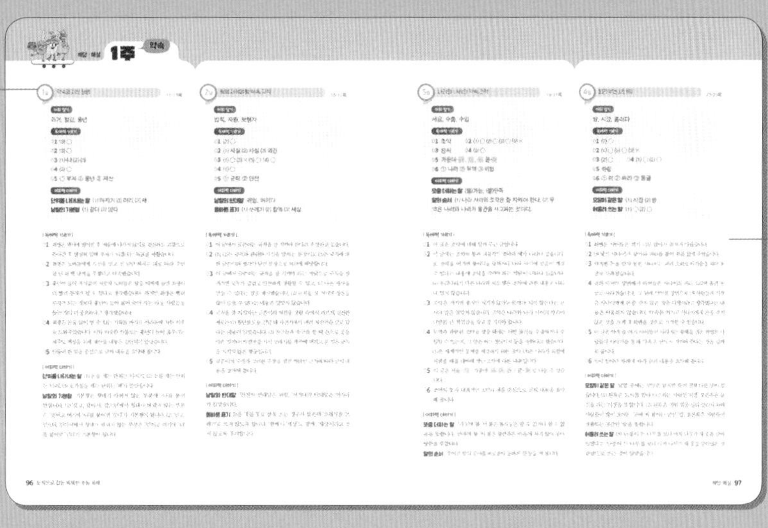

내가 쓴 답과 정답을 비교해 봐!

문제에 대한 자세한 풀이가 있어. 내가 제대로 풀지 못한 문제는 무엇이고, 답이 왜 틀렸는지 생각해 봐!

| 차례 |

1주 꿈

2주 씨앗

3주 나눔

4주 권리

꿈

잠자는 동안에 깨어 있을 때처럼 여러 가지 사물을 보고 듣는 정신 현상.

1일

사람들은 어떤 꿈을 꿀까?

「잠의 요정, 올레」
세계 | 명작

2일

꿈은 왜 꾸는 걸까?

「잠자는 몸, 꿈꾸는 뇌」
과학 | 설명하는 글

3일

꿈에도 의미가 있을까?

「멸치의 꿈」
우리 | 전래

4일

동물도 꿈을 꿀까?

「동물도 꿈을 꾼대요」
과학 | 설명하는 글

5일

꿈은 우리에게 어떤 도움을 줄까?

「꿈이 알려 주는 것」
과학 | 설명하는 글

잠의 요정, 올레

잠의 요정 올레는 아이들에게 꿈을 선물해. 착한 아이에게는 무지개 우산을 펼쳐 아름다운 꿈을 꾸게 하고, 심술쟁이에게는 검정 우산을 펼쳐 꿈 없는 깊은 잠을 자게 하지. 오늘은 얄마르에게 꿈을 선물할 거야. 올레가 얄마르 머리맡에 무지개 우산을 활짝 폈어.

올레가 얄마르에게 손을 내밀었어. 손바닥 위에 작은 동물이 앉아 있었어.

"생쥐가 너를 결혼식에 초대하고 싶다는구나. 너희 집 마루 밑에서 결혼식이 있거든."

"우아, 진짜요? 근데 마루 밑에 어떻게 가요? 난 쥐구멍보다 훨씬 크다고요."

"그건 나한테 맡기렴."

올레가 요술 지팡이로 얄마르의 어깨를 톡톡 두드렸어. 그러자 얄마르가 눈 깜짝할 새에 손가락만큼 작아졌어.

"결혼식에 어울리는 옷이 있어야겠지? 장난감 병정에게 부탁하자꾸나."

얄마르는 장난감 병정에게 빌린 옷을 입고 생쥐를 따라 마루 밑으로 들어갔어. 결혼식장으로 가는 복도는 반들반들하고, 고소한 냄새가 났어. 마치 베이컨으로 닦은 것처럼 말이야.

흥겨운 음악이 울리는 결혼식장에는 발 디딜 틈이 없을 만큼 손님이 많았어. 생쥐 아가씨들은 속닥거리며 장난을 치고, 생쥐 신사들은 앞발로 수염을 매만졌지. 신랑 신부는 커다란 치즈 구멍에 앉아 행복한 미소를 짓고 있었고.

고소한 냄새가 풍기더니 베이컨 요리가 담긴 접시가 나왔어. 달랑 베이컨뿐이었지만 모두 맛있게 먹었어. 후식으로는 완두콩 한 알이 나왔어. 신랑 신부의 이름 첫 글자를 새긴 콩이었지. 보통 결혼식에서는 볼 수 없는 콩이야.

결혼식이 끝나고 모든 손님들이 돌아갔어. 얄마르도 침대로 돌아왔지. 얄마르는 눈을 감은 채 미소를 띠며 중얼거렸어.

'정말 멋진 결혼식이었어!'

어휘 알기 색칠한 낱말과 초성을 보고 뜻풀이에 알맞은 낱말을 ___에 쓰세요.

ㅎ ㅅ 식사를 한 뒤에 먹는, 과일이나 음료수 따위의 간단한 음식. ______

ㅍ ㄱ ㄷ 냄새나 향이 밖으로 퍼지다. ______

ㅁ ㅁ ㅈ ㄷ 잘 가다듬어 손질하다. ______

독해력 기르기

01 이 글에 나오는 올레에 대한 설명이에요. 빈칸에 알맞은 말을 쓰세요.

잠의 요정 올레는 아이들에게 [ ] 을 선물한다.

02 잠의 요정 올레가 우산을 펼치면 생기는 일을 찾아 각각 선으로 이으세요.

(1)  • • (가) 아이들이 잠을 자는 동안 아름다운 꿈을 꾼다.

(2)  • • (나) 아이들이 꿈 없는 깊은 잠을 잔다.

03 이 글의 내용을 그림으로 나타냈어요. 가장 먼저 일어난 일에 ○ 하세요.

(1) 

(2) 

(3) 

04 이 글의 내용을 바르게 이해한 친구의 이름을 쓰세요. (   )

서우: 얄마르는 심술쟁이가 분명해. 그러니까 마루 밑처럼 볼품없는 곳에서 열리는 결혼식에 초대받는 꿈을 꾸었지. 만약 얄마르가 착한 아이였다면 더 아름다운 결혼식에 초대받는 꿈을 꾸었을 거야.

영진: 생쥐들의 결혼식을 구경하다니! 얄마르가 정말 부러워. 착한 행동을 많이 하면 올레가 나에게도 아름다운 꿈을 선물해 주겠지?

05 이 글의 내용을 요약했어요. 빈칸에 들어갈 알맞은 말을 쓰세요.

잠의 요정 ①□□가 얄마르에게 꿈을 선물했다. 꿈속에서 얄마르는 생쥐의 결혼식에 초대받았다. 새끼손가락만큼 작아진 몸으로 ②□□ 밑에서 열리는 결혼식에 갔다. 고소한 베이컨 냄새가 풍기는 결혼식장에서 멋지게 차려입은 손님들과 행복한 신랑 신부를 보았다. 베이컨 요리와 신랑 신부의 이름이 새겨진 특별한 ③□□□도 먹었다. 결혼식이 끝나고 침대로 돌아온 얄마르는 정말 멋진 결혼식이었다며 중얼거렸다.

① ________ ② ________ ③ ________

어휘력 더하기

낱말의 뜻

빈칸에 들어갈 알맞은 말을 찾아 선으로 이으세요.

(1) 속닥거리다
남이 ☐☐☐☐ 못하게 소곤소곤 말하다. •

(2) 펼치다
접히거나 개킨 것을 ☐☐☐☐ 펴다. •

• (가) 널찍하게

• (나) 알아듣지

관용 표현

밑줄 친 표현과 바꾸어 쓸 수 있는 관용 표현에 ✓ 하세요.

<u>발 디딜 틈이 없다.</u>

☐ 발 들여놓을 자리 하나 없다
사람이 너무 많이 들어서거나 들어앉아 매우 비좁다.

☐ 발등에 불이 떨어지다
일이 몹시 절박하게 닥치다.

토픽 한 줄 정리

오늘 밤 잠의 요정 올레가 찾아오면 어떤 우산을 펼칠까?

☐ 무지개 우산　　☐ 검정 우산

왜냐하면 ________________________________

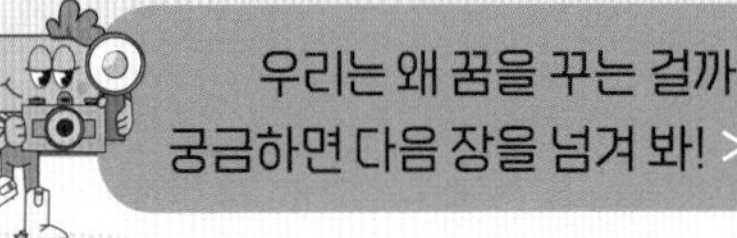

잠자는 몸, 꿈꾸는 뇌

잠을 자는 동안 우리 몸은 쉬어요. 그래야 다음 날 부지런히 움직일 수 있으니까요. 하지만 뇌의 어떤 부분은 쉬지 않고 일을 해요.

가 우리는 깨어 있는 동안 수많은 정보를 받아들여요. 뇌는 자는 동안 이 정보들을 꺼내어 정리해요. 필요 없는 정보는 지우고, 오래 기억해야 할 정보는 따로 저장해요. 이 과정에서 여러 가지 정보가 뒤섞이거나 예전의 기억과 최근의 기억이 제멋대로 연결되어 하나의 이야기처럼 보이는 것이 꿈이에요.

나 그런데 어떤 꿈은 기억나고, 어떤 꿈은 기억나지 않아요. 그 이유는 잠의 종류가 다르기 때문이에요. 잠잘 때 우리는 얕은 잠과 깊은 잠을 오가요. 얕은 잠을 잘 때는 뇌가 깨어 있어서 꿈을 많이 꾸고, 이때 꾼 꿈은 기억이 잘 나요. 하지만 깊은 잠을 잘 때는 뇌에서 기억을 담당하는 부분도 잠들어 있어서 꿈을 꾸어도 기억나지 않아요.

다 잠이 부족하면 기분이 좋지 않아요. 멍하니 집중이 안 되어 간단한 덧셈 뺄셈을 틀리기도 하고, 친구와 한 약속도 가물가물해요. 잠을 충분히 잘 자야 뇌가 낮 동안 공부한 내용을 차곡차곡 정리해 오래 기억할 수 있고, 새로운 생각도 잘 떠올릴 수 있어요. 늦어도 밤 10시에는 잠자리에 드는 습관을 가져 보세요. 그래야 피곤하지 않고 더 활발하고 기분 좋게 생활할 수 있어요.

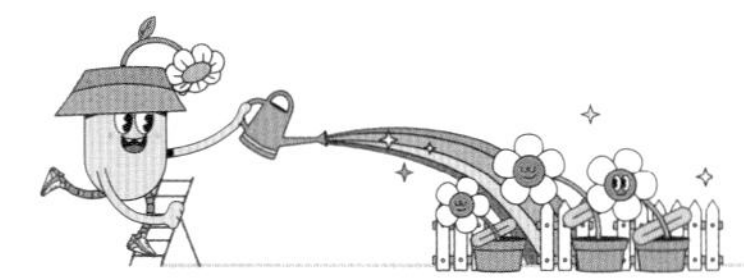

어휘 알기 색칠한 낱말과 초성을 보고 뜻풀이에 알맞은 낱말을 ___에 쓰세요.

ㅈ ㅂ 어떤 일에 관한 지식이나 자료. ________

ㄱ ㅇ 마음이나 생각 속에 어떤 모습, 경험 등이 잊히지 않고 남아 있는 것. ________

ㅂ ㅇ ㄷ ㅇ ㄷ 밖에서 오는 것을 막지 않고 들여놓아 자기 것으로 삼다. ________

독해력 기르기

01 우리가 잠자는 동안 뇌가 하는 일이에요. 알맞은 말에 ◯ 하세요.

잠자면서 뇌는 깨어 있는 동안 받아들인 정보를 (정리 , 기억)한다.

02 가~다 문단의 중심 내용을 찾아 각각 선으로 이으세요.

(1) 가 문단 •

(2) 나 문단 •

(3) 다 문단 •

• (가) 얕은 잠을 잘 때는 꿈의 내용이 기억나지만 깊은 잠을 잘 때는 꿈의 내용이 기억나지 않는다.

• (나) 뇌가 정보를 정리하는 과정에서 여러 가지 정보와 기억이 뒤섞여 나타나는 것이 꿈이다.

• (다) 잠을 잘 자면 공부한 내용을 오래 기억하고, 새로운 생각을 떠올리기 쉽다.

해답·해설 96쪽

03 이 글에서 잠을 잘 자면 좋은 점으로 말한 것이 아닌 것에 × 하세요.

(1) 공부한 내용을 오래 기억할 수 있다. (　　　)

(2) 재미있고 신나는 꿈을 꿀 수 있다. (　　　)

(3) 활발하고 기분 좋게 생활할 수 있다. (　　　)

04 이 글의 내용을 바르게 이해한 친구에 ○ 하세요.

(1) 꿈이 얼마나 중요한지 알게 되었어. 앞으로는 얕은 잠만 자서 꿈을 많이 꾸도록 노력할 거야.

(2) 꿈을 왜 꾸는지 항상 궁금했는데, 뇌가 정보를 정리하는 과정에서 생기는 일이라니 정말 놀라워!

05 이 글의 내용을 요약했어요. 빈칸에 들어갈 알맞은 말을 쓰세요.

잠을 자는 동안 ①☐는 깨어 있을 때 받아들인 정보를 꺼내어 정리한다. 이 과정에서 여러 개의 정보와 기억이 뒤섞여 하나의 이야기처럼 보이는 것이 꿈이다. 잠에는 얕은 잠과 깊은 잠이 있다. ②☐☐ 잠을 잘 때는 뇌가 깨어 있어 꿈이 기억나고, 깊은 잠을 잘 때는 뇌도 잠이 들어 꿈이 기억나지 않는다. ③☐이 부족하면 집중력과 기억력이 떨어진다. 반대로 잠을 잘 자면 기억력이 좋아지고, 새로운 생각도 잘 떠올릴 수 있다.

① ________ ② ________ ③ ________

성질이나 상태를 나타내는 말

빈칸에 들어갈 알맞은 말을 찾아 선으로 이으세요.

(1) 연필이 한 자루 □□□□.

(2) 함께 먹기에 □□□□.

(3) 몹시 □□□□.

(가) 피곤하다
지치고 힘들어 몸이 고단하다.

(나) 부족하다
필요한 양보다 모자라다.

(다) 충분하다
모자라지 않고 넉넉하다.

모양이 같은 말

밑줄 친 낱말의 뜻을 찾아 선으로 이으세요.

(1) 떡이 <u>쉬다</u>. • • (가) 몸의 피로를 풀거나 없애다.

(2) 코로 숨을 <u>쉬다</u>. • • (나) 공기를 들이마시고, 내쉬기를 거듭하다.

(3) 주말 동안 푹 <u>쉬다</u>. • • (다) 음식이 상하여 맛이 시큼하게 변하다.

토픽 한 줄 정리

어젯밤에 꾼 꿈이 기억나니? 꿈을 소개해 봐!

□ 누가 나왔니? ______________________

□ 무슨 일이 있었니? ______________________

□ 기분이 어땠니? ______________________

멸치가 특별한 꿈을 꾸었대. 무슨 꿈인지 궁금하면 다음 장을 넘겨 봐! >>>>>

멸치의 꿈

남쪽 바다에 사는 멸치가 이상한 꿈을 꾸었어. 몸이 하늘로 붕 올라갔다 바다로 쑥 내려갔다 하더니, 하얀 눈이 펄펄 내리고 몸이 추웠다 더웠다 했어. 잠에서 깬 멸치는 꿈이 무얼 뜻하는지 알고 싶었어. 그래서 가자미를 불렀어.

"가자미야, 서쪽 바다에 꿈풀이를 잘하는 망둑어가 있다 하니 가서 데려오렴."

서쪽 바다는 아주 멀었지만 칠백 살이나 먹은 멸치가 하는 부탁이니 가자미는 거절할 수가 없었어. 그래서 먼 서쪽 바다까지 가서 망둑어를 데려왔지.

멸치는 망둑어에게 와 주어서 고맙다고 인사하며 진기한 음식을 대접했어.

"저는요?"

가자미가 물었지만 멸치는 본체만체했어. ㉠가자미는 멸치를 흘겨보았지.

멸치에게 꿈 이야기를 들은 망둑어는 넙죽 큰절을 올렸어.

"하늘로 오르내린다는 건 용이 되신다는 뜻입니다. 추웠다 더웠다 하는 건 날씨를 다스린다는 것이고요."

멸치는 한껏 으스대며 큰 소리로 말했어.

"나는 곧 용이 될 것이니, 지금부터는 나를 왕으로 모셔라."

가자미는 속이 부글부글 끓었어. 고마움을 모르는 멸치를 절대로 왕으로 모시고 싶지 않았거든.

"칫, 망둑어의 꿈풀이는 틀렸어요. 하늘로 오르내리는 건 낚싯줄에 걸려 솟구쳤다가 물통에 던져질 거라는 거고, 눈이 내리는 게 아니라 소금이 뿌려지는 거예요. 추웠다 더웠다 하는 건 불판에서 구워진다는 뜻이라고요!"

"뭐라고!"

철썩! 멸치가 화를 내며 가자미의 뺨을 때렸어. 어찌나 세게 쳤는지 가자미의 눈이 휙 돌아가더니 한쪽으로 쏠렸어. 놀란 망둑어는 눈이 툭 튀어나왔고, 새우는 웃다가 등이 휘었고, 메기는 입이 쫙 찢어져 다물어지지 않았대.

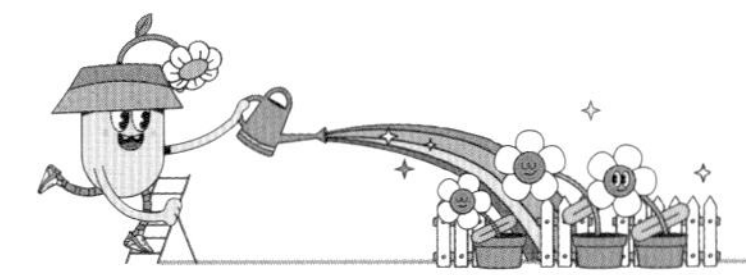

어휘 알기 색칠한 낱말과 초성을 보고 뜻풀이에 알맞은 낱말을 ___에 쓰세요.

| ㄲ | ㅍ | ㅇ | 꿈에 숨어 있는 뜻을 풀이하는 것. | ______ |

| ㅈ | ㄱ | ㅎ | ㄷ | 보기 드물어 신기하다. | ______ |

| ㅂ | ㅊ | ㅁ | ㅊ | ㅎ | ㄷ | 보고도 아니 본 듯 행동하다. | ______ |

독해력 기르기

01 다음은 이 글에 나오는 인물 중 누가 하는 말일까요? (　　　)

> 나는 칠백 년이나 남쪽 바다에 살고 있단다. 어젯밤에 아주 이상한 꿈을 꾸었어. 이 꿈이 무슨 뜻인지 알고 싶은데, 누구한테 물어보면 좋을까?

① 가자미　② 망둑어　③ 멸치　④ 새우　⑤ 메기

02 이 글의 내용으로 알맞으면 ○, 알맞지 않으면 × 하세요.

(1) 멸치는 가자미에게 꿈풀이를 부탁했다. (　　　)
(2) 가자미는 멸치의 부탁으로 망둑어를 데리러 갔다. (　　　)
(3) 가자미는 먼 서쪽 바다까지 가서 망둑어를 불러왔다. (　　　)

03 ㉠에서 가자미가 느낀 마음으로 어울리지 <u>않은</u> 것을 고르세요. (　　　)

① 서운함　② 못마땅함　③ 속상함　④ 즐거움　⑤ 화남

04 다음 꿈풀이는 누가 한 것인지 바르게 선으로 이으세요.

(1) 이 꿈은 낚싯줄에 걸려 불에 구워지게 될 것이라는 뜻입니다. • • (개) 망둑어

(2) 이 꿈은 용이 되어 날씨를 다스리게 될 것이라는 뜻입니다. • • (내) 가자미

05 다음 장면 뒤에 벌어진 일이 아닌 것에 × 하세요.

멸치가 가자미의 뺨을 때렸다.

(1) 가자미의 눈이 제자리로 돌아왔다. (   )

(2) 놀란 망둑어의 눈이 툭 튀어나왔다. (   )

(3) 새우는 웃다가 등이 휘었다. (   )

(4) 메기는 입이 쫙 찢어졌다. (   )

06 이 글의 내용을 요약했어요. 빈칸에 들어갈 알맞은 말을 쓰세요.

남쪽 바다에 사는 칠백 살 먹은 멸치가 이상한 꿈을 꾸었다. 멸치는 가자미에게 ①□□□를 잘하는 망둑어를 불러오게 했다. 멸치가 꿈의 뜻을 묻자, 망둑어는 멸치가 ②□이 되어 날씨를 다스리게 될 꿈이라 풀이했다. 멸치가 얄미웠던 가자미는 멸치가 낚싯줄에 걸려 불에 구워지게 될 꿈이라고 했다. 화난 멸치가 가자미의 ③□을 때리자 가자미의 눈이 한쪽으로 쏠렸다. 이 모습을 본 망둑어는 놀라 눈이 튀어나왔고, 새우는 웃다가 등이 휘었고, 메기는 입이 찢어졌다.

① ______________ ② ______________ ③ ______________

어휘력 더하기

뜻이 비슷한 말

밑줄 친 말과 뜻이 비슷한 말을 찾아 ✓ 하세요.

시험을 잘 봤다고 으스댔다.
☐ 우쭐댔다 ☐ 겸손했다

뜻 잘난 듯이 뽐내다.

나뭇가지가 아래로 휘었다.
☐ 접었다 ☐ 굽었다

뜻 꼿꼿하던 물체가 구부러지다.

무게가 한쪽으로 쏠렸다.
☐ 기울었다 ☐ 쓸었다

뜻 물체가 기울어져 한쪽으로 몰리다.

친구를 집에 데려왔다.
☐ 불러왔다 ☐ 잡아갔다

뜻 함께 거느리고 오다.

꾸며 주는 말

빈 곳에 알맞은 말을 써넣어 문장을 완성하세요.

넙죽	몸을 얼른 엎드리는 모양.
한껏	할 수 있는 데까지.
절대로	어떠한 경우에도 반드시.

(1) ______________ 나쁜 일을 해서는 안 돼!

(2) 고개를 ______________ 뒤로 젖히다.

(3) 민수는 할머니를 보자마자 ______________ 절을 했다.

토픽 한 줄 정리

멸치의 꿈은 무슨 뜻일까? 너도 꿈풀이를 해 봐!

☐ 망둑어 말대로 용이 되는 꿈이야. ☐ 가자미 말대로 불에 구워지는 꿈이야.

☐ ______________________________

동물도 꿈을 꿀까?
궁금하면 다음 장을 넘겨 봐! >>>>>

동물도 꿈을 꾼대요

동물도 사람처럼 잠을 자요. 그럼 우리처럼 꿈도 꿀까요? ㉠과학자들은 포유류와 몇몇 조류가 꿈을 꾼다고 주장해요. 사람이 꿈꿀 때 나오는 뇌파와 비슷한 뇌파가 동물에게도 나타나기 때문이에요.

미국의 과학자들이 쥐에게 미로를 빠져나가게 하고 뇌파를 쟀어요. 그리고 쥐가 잠을 잘 때 뇌파를 쟀어요. 두 개의 뇌파를 비교했더니 아주 비슷했어요. 이 결과를 바탕으로 과학자들은 동물도 꿈을 꾼다고 주장했어요.

개와 고양이도 꿈을 꿔요. 개와 고양이가 자다가 갑자기 몸을 떨거나 달리듯이 다리를 휘저을 때가 있어요. 개와 고양이가 꿈속에서 하는 행동이 실제로 나타나는 것이래요. 동물의 꿈을 연구한 학자들에 따르면 개는 주로 주인과 함께하는 꿈을, 고양이는 사냥하는 꿈을 꾼다고 해요.

꿈의 내용을 들려준 고릴라도 있어요. 미국의 동물원에서 태어난 고릴라 '코코'는 수화로 사람과 간단한 대화를 할 수 있었어요. 코코는 잠에서 깨면 알 수 없는 말들을 했는데, 전날 밤 꾸었던 꿈 이야기를 했던 거라고 해요.

동물이 어떤 꿈을 꾸는지는 정확히 알 수는 없어요. 다만 여러 연구와 실험을 통해 일부 (㉡)이 꿈을 꾼다는 것을 밝혔을 뿐이에요. 동물은 우리 생각보다 훨씬 많은 것을 알고, 느끼는 존재인지도 몰라요.

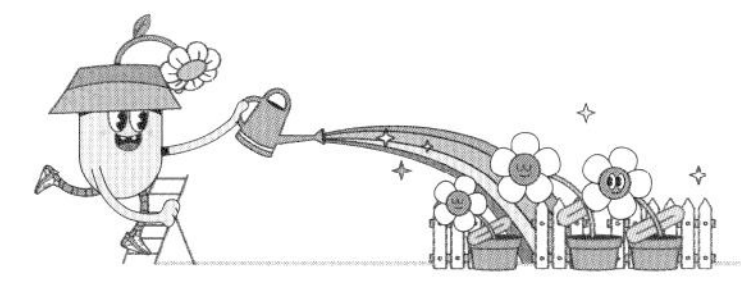

어휘 알기 색칠한 낱말과 초성을 보고 뜻풀이에 알맞은 낱말을 ___에 쓰세요.

ㅅ ㅎ 손짓과 몸짓으로 주고받는 말. ______

ㅇ ㄱ 어떤 이치나 사실을 밝히려고 깊이 공부하는 것. ______

ㄷ ㄹ ㅈ ㄷ 소리나 말을 듣게 해 주다. ______

독해력 기르기

01 이 글에서 과학자들이 ㉠과 같이 주장하는 까닭은 무엇인지 알맞은 말에 ○ 하세요.

사람이 꿈꿀 때 나오는 뇌파와 (비슷한 , 다른) 뇌파가
동물이 잘 때도 나타나기 때문이다.

02 이 글에서 꿈을 꾸는 동물로 소개한 동물이 아닌 것을 고르세요. (　　　)

① 생쥐 ② 개 ③ 고양이 ④ 악어 ⑤ 고릴라

03 ㉡에 들어갈 말로 알맞은 것은 무엇인가요? (　　　)

① 사람 ② 식물 ③ 동물 ④ 과학자 ⑤ 주인

해답·해설 **97쪽**

04 이 글의 내용으로 알맞으면 ○, 알맞지 않으면 × 하세요.

(1) 모든 동물은 자면서 꿈을 꾼다. ( )

(2) 개와 고양이는 꿈을 꾸는 동안에는 꼼짝도 하지 않는다. ( )

(3) 과학자들은 동물이 꿈을 꾸는지 알아보려고 뇌파를 측정했다. ( )

05 이 글의 내용을 바르게 이해한 친구에 ○ 하세요.

(1) 강아지는 주인과 함께하는 꿈을 자주 꾼다고 해. 강아지가 행복한 꿈을 꾸도록 날마다 함께 놀아 줄 거야.

(2) 동물들은 상상력이 뛰어난 것 같아. 실제 세상에서는 겪을 수 없는 놀라운 일들을 꿈으로 꾸잖아.

06 이 글의 내용을 요약했어요. 빈칸에 들어갈 알맞은 말을 쓰세요.

사람이 꿈을 꿀 때 나타나는 ①□□가 동물에게도 나타난다. 과학자들은 쥐가 미로를 빠져나갈 때의 뇌파와 잠을 잘 때의 뇌파를 비교해 동물도 ②□을 꾼다고 주장했다. 개와 고양이도 꿈을 꾼다. 동물의 꿈을 연구하는 학자들에 따르면 개는 주인과 함께 있는 꿈을, 고양이는 사냥하는 꿈을 주로 꾼다고 한다. 어떤 고릴라는 수화로 꿈의 내용을 말하기도 했다.

① ____________ ② ____________

어휘력 더하기

움직임을 나타내는 말

그림에 어울리는 문장이 되도록 알맞은 말에 ○ 하세요.

(1)

쥐가 미로를
(빠져나가다 , 부수다).

(2)

호랑이가 사슴을
(사냥하다 , 달래다).

(3)

두 개의 뇌파를
(비교하다 , 겨루다).

모양이 같은 말

밑줄 친 낱말의 뜻을 찾아 선으로 이으세요.

(1) 병아리가 알에서 깨다. • • (가) 잠 따위에서 벗어나 정신을 되찾다.

(2) 아빠가 접시를 깨다. • • (나) 단단한 물체를 쳐서 조각이 나게 하다.

(3) 전화벨 소리에 잠을 깨다. • • (다) 새끼가 알에서 나오다.

토픽 한 줄 정리

동물들의 꿈을 상상해 봐!

☐ 코끼리 ☐ 사자 ☐ 고래 ☐ ____________

____________________________ 하는 꿈을 꿀 거야!

꿈을 통해 많은 것을 알 수 있대.
궁금하면 다음 장을 넘겨 봐! >>>>>

꿈이 알려 주는 것

사람들은 꿈마다 특별한 의미가 있다고 여겼어요. 좋은 일이 생기거나 아이가 태어날 것을 알려 주는 꿈처럼 말이에요. 꿈에는 어떤 의미가 있을까요?

가 오랫동안 꿈을 연구한 프로이트 박사는 꿈이 그 사람의 소원을 보여 준다고 했어요. 계속 원하는 것을 생각하면 그것이 꿈으로 나타나기 때문이래요. 어린아이일수록 원하는 것이 꿈에 분명하게 나타난다고 해요.

나 꿈에서 문제를 해결할 실마리나 뜻밖의 아이디어를 얻기도 해요. 작가 '셸리'는 꿈에서 본 내용을 바탕으로 『프랑켄슈타인』이라는 책을 썼어요. 화가 '달리'는 꿈에서 본 장면을 그려 '초현실주의'라는 새로운 영역을 창조했어요. 과학자 '아인슈타인'은 꿈에서 떠올린 아이디어를 적으려고 침대 옆에 항상 수첩을 두었고요.

다 꿈으로 마음 상태를 알 수도 있어요. 악몽을 꾼다면 스트레스를 받고 있거나 마음이 불안하다는 신호예요. 불안을 일으키는 원인을 없애면 악몽도 꾸지 않게 될 거예요. 그렇다고 악몽이 나쁘기만 한 건 아니에요. 악몽은 무서운 일들을 꿈에서 미리 겪어 보게 해요. 그래서 실제 그런 일이 닥쳤을 때 덜 무섭게 해 준다고 해요. 그래도 악몽을 꾸는 건 싫죠? 그렇다면 평소에 즐겁게 생활하려고 노력해 보세요. 즐거운 생각을 많이 떠올릴수록 신나고 행복한 꿈을 꿀 가능성도 높아진대요.

어휘 알기 색칠한 낱말과 초성을 보고 뜻풀이에 알맞은 낱말을 ___에 쓰세요.

ㄱ ㄴ ㅅ 어떤 일을 이룰 수 있는 능력. ______

ㅅ ㅁ ㄹ 문제를 해결하는 데 도움이 될 사실이나 정보. ______

ㅊ ㅈ ㅎ ㄷ 전에 없던 것을 처음으로 만들다. ______

ㅂ ㅇ ㅎ ㄷ 마음이 편하지 않고 조마조마하다. ______

독해력 기르기

01 이 글의 내용으로 알맞으면 ◯, 알맞지 않으면 ╳ 하세요.

(1) 내가 원하는 것을 꿈으로 꾸기도 한다. ( )

(2) 꿈을 보면 그 사람의 마음 상태를 알 수도 있다. ( )

(3) 꿈은 특별한 의미가 없기 때문에 무시해도 좋다. ( )

02 이 글에 나온 사람들과 관련 있는 내용을 찾아 각각 선으로 이으세요.

(1) 셸리 • • (가) 꿈속 장면을 그려 '초현실주의'를 창조했다.

(2) 달리 • • (나) 꿈의 의미를 알아내려고 오랫동안 꿈을 연구했다.

(3) 프로이트 • • (다) 꿈에서 본 내용을 바탕으로 이야기를 썼다.

03 가~다 중 다음 내용과 관련 있는 문단의 기호를 쓰세요. (　　　)

> 난중일기에 따르면 이순신 장군은 신기한 꿈을 자주 꾸었다고 한다. 하루는 바다에서 아주 큰 거북이 솟아오르는 꿈을 꾸었다. 거북을 잡으려고 화살과 무기를 총동원하였으나 거북을 잡을 수 없었다. 거북이 입에서 시뻘건 불을 뿜어내고 있었기 때문이다. 잠에서 깬 이순신 장군은 꿈에서 본 것을 떠올려 거북선을 만들었다고 전해진다.

04 이 글에 나온 악몽에 대해 바르게 이해한 친구에 ○ 하세요.

(1) 스트레스를 많이 받으면 악몽을 꿀 수가 있대. 평소에 좋은 기분을 유지하려고 애쓰고, 즐거운 상상을 하면 악몽을 덜 꿀 거야.

(2) 악몽은 무서운 일들을 미리 겪어 보게 하는 고마운 꿈이야. 그러니까 악몽을 꾸기 위해 노력할 필요가 있어.

05 이 글의 내용을 요약했어요. 빈칸에 들어갈 알맞은 말을 쓰세요.

> 우리는 꿈을 통해 여러 가지를 알 수 있다. 프로이트 박사는 꿈을 보면 그 사람의 ①□□을 알 수 있다고 했다. 꿈에서 문제를 해결할 실마리나 뜻밖의 아이디어를 얻는 이들도 있다. 또 꿈은 ②□□ 상태를 알려 준다. 악몽을 꿀 때 불안을 일으키는 원인을 찾아 없애면 ③□□을 꾸지 않게 된다. 악몽은 무서운 일들을 꿈에서 미리 겪어 보게 하는 역할도 한다. 즐거운 생각을 많이 할수록 행복한 꿈을 꿀 가능성이 높아진다.

① ________　② ________　③ ________

어휘력 더하기

이름을 나타내는 말

뜻풀이에 알맞은 낱말을 찾아 빈칸에 쓰세요.

태몽

악몽

길몽

(1) □□ 무섭거나 기분 나쁜 꿈.

(2) □□ 좋은 일이 있을 것 같은 느낌이 드는 꿈.

(3) □□ 아이를 벨 것이라고 알려 주는 꿈.

(4) 예 지 몽 어떤 일이 일어날 것을 미리 알려 주는 꿈.

어울려 쓰는 말

문장에 어울리는 말에 ◯ 하세요.

(1) 옛날에 있었던 일이 (떠오르다 , 떠올리다).
옛날에 있었던 일을 (떠오르다 , 떠올리다).

(2) 선생님의 말씀을 (떠오르다 , 떠올리다).
선생님의 말씀이 (떠오르다 , 떠올리다).

'떠오르다'는 '이, 가'가 붙은 말 뒤에 쓰고, '떠올리다'는 '을, 를'이 붙은 말 뒤에 써야 해.

토픽 한 줄 정리

꿈을 통해 알고 싶은 것이 있니?

□ 고민을 해결할 방법　　□ 소원을 이루는 방법

____________________ 을(를) 알려 주었으면 좋겠어.

최초의 씨앗은
어디에서 왔을까?

씨앗이
자라려면
무엇이
필요할까?

씨앗은
어떻게 자랄까?

씨앗

| 열매 속에 들어 있어 땅에 심고 물을 주면 싹이 트는 것.

씨앗 속에
무엇이
있을까?

씨앗을 왜
심는 걸까?

식물은 모두 같은
방법으로 씨앗을
퍼뜨릴까?

씨앗이 사라지면
식량이 줄어든다고?

세계 여러
나라의 씨앗을
보관한 곳이
있다고?

1일

최초의 씨앗은 어디에서 왔을까?

「농사의 신 자청비」

우리 | 신화

2일

식물은 모두 같은 방법으로 씨앗을 퍼뜨릴까?

「고추 매운맛의 비밀」

과학 | 설명하는 글

3일

씨앗을 왜 심는 걸까?

「붉은 암탉과 밀알」

세계 | 전래

4일

세계 여러 나라의 씨앗을 보관한 곳이 있다고?

「스발바르 국제 종자 저장고」

사회 | 설명하는 글

5일

씨앗은 어떻게 자랄까?

「강낭콩의 한살이 관찰 일기」

과학 | 관찰 일기

농사의 신 자청비

옛날에 김진국 대감 부부에게 자청비라는 어여쁜 딸이 있었어. 자청비는 주천강에 빨래를 하러 갔다가 우연히 하늘 나라 문선왕의 아들인 문 도령을 만났어. 자청비는 문 도령이 마음에 들었어. 그래서 글공부를 하러 간다는 문 도령을 따라가기로 마음먹었어.

"마침 제 남동생도 글공부를 해야 하는데 같이 가면 좋겠네요."

자청비는 남자 옷으로 갈아입고는 남동생인 척 문 도령과 함께 떠났어. 글공부를 한 지 삼 년째 되던 해에 문 도령은 혼인을 해야 하니 하늘 나라로 돌아오라는 편지를 받았어. 자청비는 속이 상했어. 그래서 문 도령에게 자신이 여자였다고 밝혔지. 사실 문 도령도 주천강에서 만났던 자청비를 마음에 두고 있었어. 두 사람은 서로 좋아하는 마음을 알게 되었단다. 문 도령은 하늘 나라에 가서 혼인을 허락받고 오겠다고 했어. 하지만 계절이 몇 번 바뀌어도 문 도령은 돌아오지 않았어.

자청비는 문 도령을 찾아 나섰어. 그러다 하늘 나라 선녀들을 만났는데 선녀들도 마침 자청비를 찾고 있었어. 문 도령이 선녀들에게 자청비를 데려오라고 했다는 거야. 자청비는 드디어 문 도령을 만났어. 자청비와 문 도령은 기뻐하며 두 손을 꼭 맞잡았지. 하지만 기쁨도 잠시, 하늘 나라 문선왕은 문 도령과 혼인을 하려면 반드시 시험을 치러야 한대.

"벌겋게 달군 숯불 위에 칼을 놓고, 그 위를 걸어 보아라."

자청비는 망설임 없이 칼날 위를 걸었어. 시험에 통과한 자청비는 문 도령과 혼인하여 하늘 나라에서 행복하게 살았어. 한데, 자청비는 인간 세상이 그리워졌어. 그래 문선왕에게 부탁했지.

"하늘 나라 곡식 씨앗을 주십시오. 그러면 인간 세상에 가서 사람들을 돕겠습니다."

자청비는 씨앗을 갖고 내려와 농사의 신이 되었어. 지금도 씨앗이 잘 자라 풍년이 들게 돌보고 있다지.

어휘 알기 색칠한 낱말과 초성을 보고 뜻풀이에 알맞은 낱말을 ___에 쓰세요.

ㅎ ㄹ 청하는 일을 하도록 들어줌. ________

ㅁ ㅅ ㅇ 마음을 정하지 못하고 머뭇거리는 것. ________

ㄱ ㄹ ㅇ ㅈ ㄷ 보고 싶은 마음이 생기다. ________

독해력 기르기

01 자청비가 주천강에서 만난 인물에 대한 설명이에요. 알맞은 말에 ◯ 하세요.

문 도령은 하늘 나라 문선왕의 (아들 , 손자)로,
(혼인 , 글공부)을(를) 하러 가는 길이었다.

02 다음 상황에서 자청비가 한 행동을 찾아 알맞게 선으로 이으세요.

(1)	주천강에서 만난 문 도령이 마음에 들었다. •	• (가)	문 도령을 찾아 나섰다.
(2)	하늘 나라에 간 문 도령이 돌아오지 않았다. •	• (나)	남동생인 척하고 문 도령을 따라갔다.
(3)	문선왕은 혼인을 하려면 시험을 치르라고 했다. •	• (다)	망설임 없이 칼날 위를 걸었다.

03 농사의 신이 된 자청비가 한 일로 알맞은 것에 ◯ 하세요.

(1) 말과 소 등의 가축이 잘 자라게 도왔다.

(2) 씨앗이 잘 자라 풍년이 들게 돌보았다.

04 자청비에 대해 바르게 말하지 못한 친구에 ◯ 하세요.

(1) 자기가 원하는 것이 무엇인지 알고, 그것을 이루기 위해 노력했어.

(2)

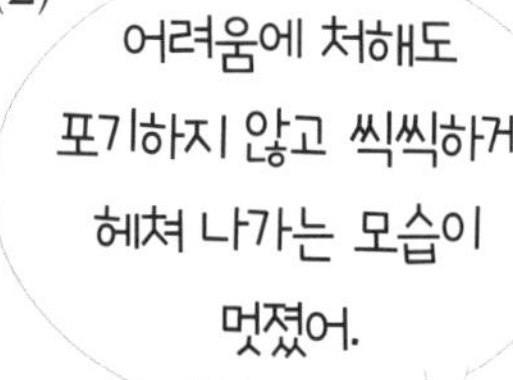

(3)

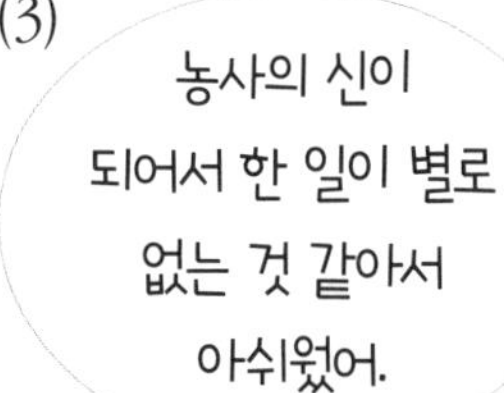

05 이 글의 내용을 요약했어요. 빈칸에 들어갈 알맞은 말을 쓰세요.

①□□□는 하늘 나라 문선왕의 아들인 문 도령이 마음에 들어 남동생인 척 꾸미고 글공부에 따라갔다. 문 도령이 혼인을 위해 하늘 나라에 가야 하자, 자청비는 여자인 것을 밝혔다. 서로 좋아하는 마음을 확인한 문 도령은 자청비와 혼인을 허락받기 위해 하늘 나라에 갔다. 문 도령이 돌아오지 않자 자청비는 문 도령을 찾아 나섰다가 선녀들을 만나 하늘 나라로 갔다. 자청비는 문선왕이 낸 시험을 치르고, 문 도령과 혼인을 했다. 이후 자청비는 하늘 나라 곡식 ②□□을 가지고 인간 세상에 내려와 ③□□의 신이 되었다.

① ____________ ② ____________ ③ ____________

어휘력 더하기

색깔을 나타내는 말

색깔에 알맞은 말을 빈 곳에 쓰세요.

검붉다	검은빛을 띠면서 붉다.
벌겋다	어둡고 엷게 붉다.
새빨갛다	매우 빨갛다.
불그스름하다	조금 붉다.

우리말은 색깔을 나타내는 말이 매우 발달했어. 색깔이 연하고 진한 정도, 탁하고 선명한 정도 등 색의 느낌을 달리 표현하지.

(1) (　　　) (2) 벌겋다 (3) (　　　) (4) 불그스름하다

합쳐진 말

다음 낱말을 뜻이 있는 두 개의 낱말로 나누어 빈칸에 쓰세요.

(1) **글공부** 글을 배우고 익히는 것.

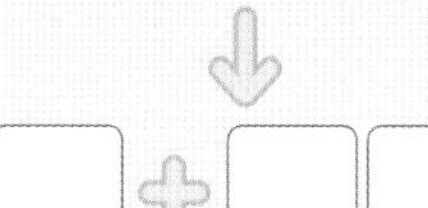

□ + □□

(2) **칼날** 칼의 얇고 날카로운 부분.

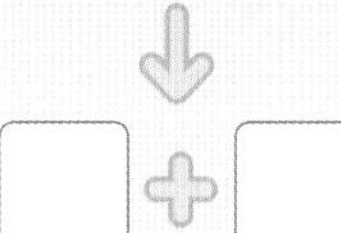

□ + □

(3) **숯불** 숯으로 피운 불.

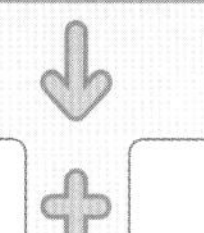

□ + □

토픽 한 줄 정리

농사의 신이라면 무엇을 하고 싶니?

☐ 곡식을 많이 수확할 수 있는 씨앗을 나눠 줄 거야.
☐ 농사를 쉽게 지을 수 있는 방법을 알려 줄 거야.

왜냐하면 ______________________________

고추의 매운맛은 씨앗을 퍼뜨리는 것과 관련이 있대. 궁금하면 다음 장을 넘겨 봐! >>>>>

고추 매운맛의 비밀

동물은 열매 안에 있는 씨앗까지 먹어요. 대부분의 씨앗은 단단하기 때문에 소화가 되지 않고 똥에 섞여 나와요. 동물이 여러 곳을 다니며 똥을 누면 씨앗도 여기저기로 퍼질 수 있어요. 그래서 대부분의 열매는 동물들이 잘 먹을 수 있게 달콤한 맛을 내지요. 하지만 고추는 다른 식물과 다르게 매운맛을 내요.

고추가 매운 이유는 '캡사이신'이라는 성분 때문이에요. 고추 씨앗에 가장 많이 들어 있고, 껍질에도 조금 있어요. 원숭이, 사슴, 곰 같은 포유동물은 고추의 매운맛을 싫어해서 가까이 가지 않아요. 하지만 새들은 캡사이신의 매운맛을 느끼지 못해요. 그래서 다른 포유동물과 달리 고추를 잘 먹어요.

㉠고추는 왜 매운맛을 내서 새만 먹도록 한 걸까요? 그건 포유동물과 새가 먹이를 먹고 소화시키는 과정을 보면 답을 알 수 있어요. 포유동물은 먹이를 씹어서 삼키고, 소화 과정도 길어서 고추 씨앗처럼 부드러운 씨앗은 잘게 잘리거나 갈려서 똥으로 나와요. 반면 새는 먹이를 통째로 삼키고, 소화 기관이 짧아서 고추의 씨앗이 온전히 똥으로 나오지요.

잘린 씨앗에서는 싹이 트지 못하지만, 온전한 씨앗에서는 싹이 잘 터요. 새는 날아다니며 똥을 싸기 때문에 씨앗을 여기저기로 널리 퍼뜨리기까지 해요. 그래서 고추는 포유동물보다는 새가 즐겨 먹도록 매운맛을 내는 거예요. 고추가 얼마나 똑똑한 식물인지 잘 알았죠?

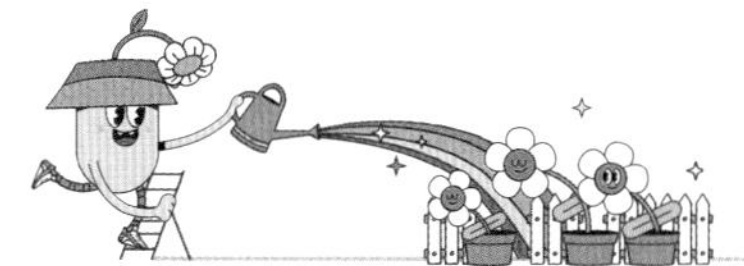

어휘 알기 색칠한 낱말과 초성을 보고 뜻풀이에 알맞은 낱말을 ___에 쓰세요.

ㅅ ㅎ 삼킨 음식을 몸속에서 분해하는 작용. ________

ㅇ ㅈ ㅎ 본바탕 그대로 고스란히. ________

ㅍ ㅇ ㄷ ㅁ 새끼를 낳아 젖을 먹여 키우는 동물. ________

독해력 기르기

01 이 글에서 주로 설명하고 있는 것에 ◯ 하세요.

똥 포유동물 새 고추

02 다음 동물과 관계있는 내용을 찾아 선으로 이으세요.

(1) 포유동물 • • (가) 고추를 먹어도 매운맛을 느끼지 못한다.

(2) 새 • • (나) 고추를 먹으면 매운맛을 느낀다.

03 다음에서 설명하는 것을 이 글에서 찾아 빈칸에 쓰세요.

고추의 매운맛을 내는 성분이다. 고추 씨앗에 가장 많이 들어 있고, 껍질에도 조금 들어 있다.

□□□□

해답·해설 99쪽

04 ㉠에 대한 답을 찾아 ○ 하세요.

(1) 새가 똥을 자주 싸서 씨앗을 많이 퍼뜨릴 수 있어서 (　　)

(2) 새의 똥에 씨앗이 온전히 나와서 싹을 잘 틔울 수 있어서 (　　)

05 이 글의 내용을 바르게 이해하지 못한 친구에 ○ 하세요.

(1) 열매의 맛이 씨앗을 퍼뜨리는 것과 관계가 있다니 신기했어.

(2) 고추가 새에게만 의지해서 씨앗을 퍼뜨리는 건 똑똑한 방법이 아니야.

(3) 고추가 매운맛을 내서 자신을 먹을 동물을 선택한다는 게 놀라웠어.

06 이 글의 내용을 요약했어요. 빈칸에 들어갈 알맞은 말을 쓰세요.

①□□는 다른 식물의 열매와 다르게 매운맛을 낸다. ②□□□□이 고추를 먹으면 씨앗이 이빨에 잘게 잘리고 다 소화된다. 반면에 새가 고추를 먹으면 씨앗이 잘리지 않고 온전히 똥으로 나온다. 또 새는 날아다니면서 똥을 싸서 씨앗을 널리 퍼뜨릴 수 있다. 고추가 포유동물이 싫어하는 매운맛을 내는 건 새에게 먹혀 ③□□을 잘 퍼뜨리려는 것이다.

① ________ ② ________ ③ ________

어휘력 더하기

뜻이 비슷한 말

밑줄 친 말과 뜻이 비슷한 말에 ○ 하세요.

(1) 열매가 달콤하다. — 까무잡잡하다 / 달착지근하다 / 쌉쌀하다

(2) 고추가 맵다. — 새콤하다 / 시커멓다 / 매콤하다

(3) 똥을 누다. — 싸다 / 빗다 / 버리다

(4) 매운맛을 즐기다. — 좋아하다 / 버티다 / 마시다

올바른 표기

밑줄 친 말이 바르게 쓰인 문장에 ○ 하세요.

(1) 귤을 통째로 입에 넣었다. ( )

(2) 새는 먹이를 통째로 삼킨다. ( )

(3) 숯불에 닭고기를 통채로 구웠다. ( )

(4) 도둑이 금고를 통채로 가져갔다. ( )

'통째'는 '나누지 아니한 덩어리 전부.'라는 뜻이야. '통째'를 '통채'로 잘못 쓰는 경우가 많으니 조심해야 해.

토픽 한 줄 정리

고추의 매운맛을 재미있게 표현해 볼까?

☐ 입안이 덜덜 속이 화끈한 맛 ☐ 얼굴이 불타오르는 맛

그리고 ________________________________

씨앗을 심어서 잘 키운 암탉이 있대. 궁금하면 다음 장을 넘겨 봐! >>>>>

붉은 암탉과 밀알

붉은 암탉이 게으른 쥐와 고양이, 오리와 함께 살았어요. 어느 봄날, 붉은 암탉은 마당에서 밀알 몇 개를 주웠어요. 그래서 세 친구에게 밀알을 함께 심자고 했어요. 하지만 세 친구는 모두 귀찮다며 고개를 저었어요. 하는 수 없이 붉은 암탉 혼자서 땅을 파고 밀알을 심었어요. 세 친구는 암탉을 보며 (㉠).

며칠 뒤 밀알에서 싹이 나더니 여름 내내 무럭무럭 자랐어요. 잡초도 덩달아 쑥쑥 자랐고요.

"우리 함께 잡초를 뽑자."

붉은 암탉의 말이 끝나자마자 세 친구는 자는 척했어요. 붉은 암탉은 한숨을 푹 쉬고 혼자 잡초를 뽑았어요. 더워서 땀을 뻘뻘 흘리면서도 말끔히 뽑았어요.

"쯧쯧, 우리처럼 잠이나 자지……."

세 친구는 몰래 실눈을 뜬 채 붉은 암탉이 일하는 걸 보기만 했어요.

가을이 되자, 밀이 노랗게 익었어요.

"우리 함께 밀을 베자."

붉은 암탉이 말하자, 세 친구는 모두 바쁘다며 후다닥 집을 나가 버렸어요. 붉은 암탉은 하루 종일 혼자서 밀을 베었어요. 밀을 맷돌로 갈 때도, 밀가루를 반죽할 때도 세 친구는 여전히 아무 일도 하지 않았어요.

붉은 암탉이 빵을 굽자, 세 친구는 부엌으로 들어와 신나서 말했어요.

"우리 함께 먹자."

"빨리 먹자, 빨리!"

그러나 붉은 암탉은 고개를 저으며 말했어요.

"싫어. 나 혼자 일했으니까 혼자 다 먹을래."

암탉은 맛있게 빵을 먹고 편안히 누워 달콤한 낮잠을 잤어요. 세 친구는 멋쩍은 표정으로 군침만 삼켰지요.

어휘 알기 색칠한 낱말과 초성을 보고 뜻풀이에 알맞은 낱말을 ___에 쓰세요.

ㅁ ㅇ 밀의 낟알. ________

ㅁ ㄷ 곡식을 가는 데 쓰는 기구. ________

ㅈ ㅊ 저절로 자라나는 여러 가지 풀. 다른 식물이 자라는 데 해가 되기도 한다. ________

독해력 기르기

01 붉은 암탉이 마당에서 주운 것은 무엇인지 빈칸에 쓰세요.

☐☐

02 ㉠에 들어갈 말로 알맞은 것은 무엇인가요? (　　　)

① 기뻐했어요 ② 비웃었어요 ③ 반성했어요
④ 걱정했어요 ⑤ 자랑했어요

03 붉은 암탉이 계절마다 어떤 일을 했는지 알맞게 선으로 이으세요.

(1) 봄 • • (가) 누렇게 익은 밀을 베었다.

(2) 여름 • • (나) 땅을 파서 밀알을 심었다.

(3) 가을 • • (다) 쑥쑥 자란 잡초를 뽑았다.

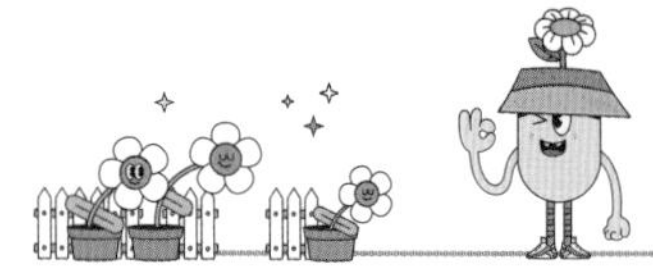

04 붉은 암탉이 일을 하자고 할 때마다 세 친구가 보인 모습으로 알맞지 않은 것은 무엇인가요? (   )

① 자는 척했다.

② 일하기 귀찮다며 거절했다.

③ 바쁘다며 집을 나가 버렸다.

④ 붉은 암탉을 도와 집안일을 했다.

⑤ 몰래 실눈을 뜨고 붉은 암탉이 일하는 걸 보기만 했다.

05 게으른 세 친구에게 어떤 말을 해 주면 좋을까요? 알맞은 말을 하는 친구의 이름을 쓰세요. (   )

도현: 책임감을 가지고 열심히 일했어야지. 책임감 없이 대충대충 일을 하니까 붉은 암탉이 빵을 주지 않은 거야.
미진: 붉은 암탉처럼 노력해야 맛있는 빵을 먹을 수 있는 거야. 노력하지 않고 얻을 수 있는 것은 없어.

06 이 글의 내용을 요약했어요. 빈칸에 들어갈 알맞은 말을 쓰세요.

붉은 암탉이 주운 ①□□을 심고 정성껏 가꾸었다. 붉은 암탉이 일하는 동안 쥐, 고양이, 오리는 놀기만 했다. 마침내 붉은 암탉이 맛있는 ②□을 만들었다. 그제야 세 친구는 빵을 먹겠다며 나섰다. 붉은 암탉은 혼자 일했으니 빵도 ③□□ 먹겠다고 했다. 세 친구는 군침만 흘렸다.

① ____________ ② ____________ ③ ____________

어휘력 더하기

움직임을 나타내는 말

빈 곳에 들어갈 알맞은 말을 찾아 선으로 이으세요.

(1) 
씨앗을 ________.

(2) 
잡초를 ________.

(3) 
밀을 ________.

(가) 심다
씨앗이나 뿌리를 흙 속에 묻다.

(나) 베다
칼이나 낫처럼 날이 있는 것으로 자르다.

(다) 뽑다
박힌 것을 잡아당기어 빼내다.

올바른 표기

알맞은 말에 ◯ 하세요.

(1) 세 친구는 (멋쩍은 , 멋적은) 표정을 지었다.

(2) 사람들 앞에서 노래하려니 (멋쩍었다 , 멋적었다).

(3) 선생님과 눈이 마주치자 (멋적게 , 멋쩍게) 웃었다.

'멋쩍다'는 '어색하고 쑥스럽다.'라는 뜻이야. '멋쩍다'를 '멋적다'로 잘못 쓰는 경우가 있으니 주의해!

토픽 한 줄 정리

네가 암탉이라면 세 친구에게 빵을 줄 거니?

☐ 줄 거야!　　☐ 안 줄 거야!

왜냐하면 ______________________________

씨앗이 중요한 이유는 뭘까?
궁금하면 다음 장을 넘겨 봐! >>>>>

스발바르 국제 종자 저장고

노르웨이에 있는 스발바르라는 도시에는 국제 종자 저장고가 있어요. 세계 여러 나라의 종자를 모아 보관하는 창고인데, '최후의 날' 저장고라고 불려요. 왜 그럴까요?

심각한 재해나 기상 이변, 핵전쟁 같은 재앙이 생기면 어떻게 될까요? 우리가 살아가는 터전은 망가지고, 곡식과 채소, 과일 등의 먹거리를 주는 식물은 모두 사라지겠죠. 그러면 사람들은 살아남을 수 없을 거예요. 하지만 종자만 있다면 사람들은 농사를 지어 살아갈 수 있어요. 그래서 사람들은 스발바르 국제 종자 저장고를 만들었어요. 앞으로 일어날지 모를 ㉠지구 최후의 날을 준비하려고요.

㉡스발바르 국제 종자 저장고는 어떤 재앙도 견딜 수 있어요. 극지방의 얼음이 모두 녹아도 잠기지 않을 만큼 높은 곳에 있고, 지진이나 핵폭발 같은 충격에도 끄떡없을 정도로 튼튼해요. 스발바르의 날씨는 매우 서늘하고 기온 변화도 거의 없어요. 그래서 전기가 끊기더라도 종자가 200년은 견딜 수 있어요.

식물이 없으면 사람도 동물도 살 수 없기 때문에 [㉢] 스발바르 국제 종자 저장고에는 세계 여러 나라가 맡긴 100만 종 이상의 종자가 보관되어 있어요. 우리나라도 보리, 콩, 벼 등 중요한 종자 1만 3,000여 종을 맡겼지요.

스발바르 국제 종자 저장고는 종자가 얼마나 중요한지 보여 주는 장소예요. 이제 스발바르 국제 종자 저장고를 '최후의 날 저장고'라고 부르는 이유를 알겠죠?

▲ 스발바르 국제 종자 저장고

▲ 스발바르 국제 종자 저장고 내부

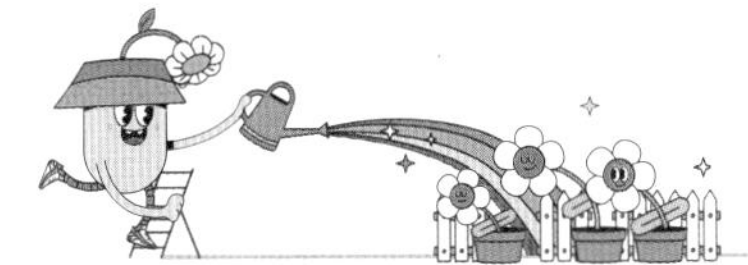

어휘 알기 색칠한 낱말과 초성을 보고 뜻풀이에 알맞은 낱말을 ___에 쓰세요.

ㅊ ㅎ 맨 마지막. ________

ㅈ ㅈ 곡식이나 채소 같은 것의 씨. ________

ㄱ ㅅ ㅇ ㅂ 전에 없던 이상한 날씨. ________

독해력 기르기

01 스발바르 국제 종자 저장고에 대한 설명으로 알맞으면 ○, 알맞지 않으면 × 하세요.

(1) 스웨덴의 도시 스발바르에 있다. (　　)

(2) '최후의 날 저장고'라고 불린다. (　　)

(3) 세계 여러 나라에서 받은 종자를 보관하고 있다. (　　)

02 ㉠의 뜻으로 알맞은 것에 ○ 하세요.

(1) 한 해의 마지막 날 (　　)

(2) 지구에 재앙이 닥친 날 (　　)

03 ㉡을 뒷받침하는 내용으로 알맞지 <u>않은</u> 것의 기호를 쓰세요. (　　)

㉮ 극지방의 얼음이 모두 녹아도 잠기지 않는 위치에 있다.
㉯ 지진이나 핵폭발 같은 충격에도 견딜 수 있을 만큼 튼튼하게 지었다.
㉰ 전기가 끊겨도 종자를 오랫동안 보관할 수 있는 곳에 지었다.
㉱ 수백만 종의 종자를 보관할 수 있도록 넓게 지었다.

04 ㉢에 들어갈 내용으로 알맞은 것에 ○ 하세요.

(1) 종자를 다른 나라에 보내면 안 돼요.

(2) 종자를 지키는 일은 매우 중요해요.

05 이 글을 읽고 알게 된 점으로 알맞지 않은 내용을 말하는 친구의 이름을 쓰세요.

(　　　　　　　)

바다: 스발바르 국제 종자 저장고가 어떤 곳인지 잘 알게 되었어.
민섭: 스발바르 국제 종자 저장고를 왜 만들게 되었는지 이해하게 되었어.
유안: 나라마다 종자를 개발하는 데 힘을 쏟는 이유를 알게 되었어.

06 이 글의 내용을 요약했어요. 빈칸에 들어갈 알맞은 말을 보기에서 찾아 쓰세요.

보기

종자　　　재앙　　　노르웨이

①□□□□의 스발바르에 국제 종자 저장고가 있다. 이곳은 핵전쟁, 재해 등의 ②□□을 대비해 종자를 보호하기 위해 만들었다. 스발바르 국제 종자 저장고는 극지방의 얼음이 녹아도 잠기지 않는 위치에 있고, 지진과 핵폭발의 충격에도 견딜 수 있게 지어졌다. 종자를 지키는 일은 매우 중요해서 세계 여러 나라에서는 스발바르 국제 종자 저장고에 많은 ③□□를 맡기고 있다.

① ________　② ________　③ ________

어휘력 더하기

재(災)가 들어간 낱말

빈칸에 주어진 글자를 써넣어 한자어를 완성하세요.

災
재앙 재

뜻밖에 일어난 재앙과 고난.	□ 난
자연재해나 전쟁처럼 갑자기 일어난 나쁜 일.	□ 앙
뜻밖에 입은 큰 피해. 지진, 태풍, 화재, 전염병 등으로 받게 되는 피해를 이른다.	□ 해

낱말의 관계

낱말의 관계가 나머지와 다른 하나를 골라 ○ 하세요.

(1) 보관하다 - 간직하다

(2) 사라지다 - 없어지다

(3) 생기다 - 일어나다

(4) 얼다 - 녹다

토픽 한 줄 정리

국제 종자 저장고에 보관하고 싶은 씨앗 세 개를 골라 봐!

나는 ______________, ______________, ______________을(를) 보관하고 싶어.

왜냐하면 ____

강낭콩이 어떻게 자라는지 궁금하지 않니?
궁금하면 다음 장을 넘겨 봐! >>>>>

강낭콩의 한살이 관찰 일기

관찰 기간	20◯◯년 6월 26일~8월 30일	관찰자	양소영
관찰 주제	강낭콩의 한살이	관찰 장소	우리 집 베란다

관찰 준비 강낭콩은 키우기 쉽고, 잘 자라는 식물이어서 한살이를 관찰하기에 좋다. 나는 강낭콩을 심은 뒤 (㉠)이 잘 드는 곳에 두고, 규칙적으로 (㉡)을 주었다. 창문을 열어 (㉢)도 잘 통하게 하였다.

관찰 결과

관찰 소감 씨앗을 심었더니 쑥쑥 자라 잎도 생기고 꽃도 피고 열매도 맺었다. 작은 씨앗 하나에서 소중한 생명이 태어난 것 같아 신비로웠다.

어휘 알기 색칠한 낱말과 초성을 보고 뜻풀이에 알맞은 낱말을 ___에 쓰세요.

ㅂ ㅇ 떡잎 뒤에 나오는 잎. ________

ㄸ ㅇ 씨앗에서 움이 트면서 처음으로 나오는 잎. ________

ㅎ ㅅ ㅇ 태어나 죽을 때까지의 과정. ________

독해력 기르기

01 이 글에 대한 설명으로 알맞은 말을 빈칸에 쓰세요.

☐☐☐의 한살이를 관찰하여 쓴 관찰 일기이다.

02 이 글을 통해 알 수 있는 사실로 알맞지 않은 것은 무엇인가요? (　　　)

① 떡잎이 나온 뒤에, 본잎이 나온다.
② 꽃이 진 자리에서 꼬투리가 맺힌다.
③ 꼬투리 안에 강낭콩이 들어 있다.
④ 강낭콩은 키우기 쉽고 잘 자란다.
⑤ 떡잎은 세 장이고, 본잎과 함께 자란다.

03 ㉠~㉢에 들어갈 말을 보기에서 찾아 각각 쓰세요.

보기

물	햇빛	바람

(1) ㉠: (　　　　　　)
(2) ㉡: (　　　　　　)
(3) ㉢: (　　　　　　)

식물이 잘 자라는 데 필요한 환경을 떠올리면 답을 알 수 있을 거야.

해답·해설 100쪽

04 강낭콩이 자라는 순서에 맞게 빈 곳에 기호를 쓰세요.

㉮ ㉯ ㉰ ㉱

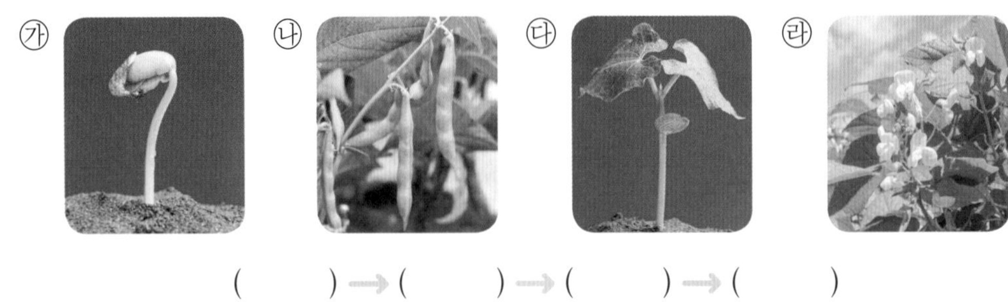

(　　) → (　　) → (　　) → (　　)

05 강낭콩의 한살이를 관찰 일기로 쓸 때 관찰해야 할 내용으로 알맞지 않은 것에 × 하세요.

(1) 싹 트는 모습 (　　)

(2) 화분의 크기 (　　)

(3) 잎과 줄기가 자라는 모습 (　　)

(4) 꽃과 열매의 색깔과 모양 (　　)

관찰 일기에는 관찰하는 대상이 변화하는 모습을 꾸준히 살펴, 그 결과를 써야 해.

06 이 글의 내용을 요약했어요. 빈칸에 들어갈 알맞은 말을 쓰세요.

관찰 주제	강낭콩의 ①□□□
관찰 내용	씨앗을 심고 열흘 만에 싹이 트고, ②□□이 나왔다. 닷새쯤 지나 본잎이 나왔다. 다시 20일쯤 지나자 꽃이 피었다. 보름쯤 지나 꽃이 지고, 그 자리에 ③□□□가 달렸다. 다시 보름이 지나 꼬투리를 까 보니 강낭콩 일곱 알이 들어 있었다.

① ______ ② ______ ③ ______

어휘력 더하기

이름을 나타내는 말

그림에 알맞은 말을 찾아 빈칸에 쓰세요.

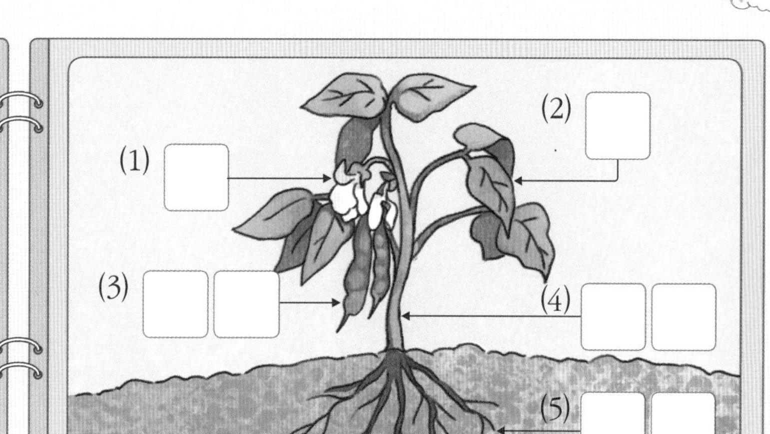

뜻이 여러 개인 말

밑줄 친 낱말이 어떤 뜻으로 쓰였는지 번호를 쓰세요.

꼬투리

① 어떤 이야기나 사건의 실마리.

② 남을 해코지하거나 헐뜯을 만한 거리.

③ 콩과 식물의 씨앗을 싸고 있는 껍질.

(1) 사건을 해결할 꼬투리를 잡았다. (　　)

(2) 강낭콩 꽃이 진 자리에서 꼬투리가 나왔다. (　　)

(3) 친구는 내가 하는 일마다 꼬투리를 잡아 방해한다. (　　)

토픽 한 줄 정리

어떤 식물의 한살이를 관찰하고 싶니?

나는 ______________________ 의 한살이를 관찰하고 싶어.

왜냐하면 ______________________

우리는 왜 나누며 살아야 할까?

나누면 정말 행복할까?

나눔

| 내가 가진 것을 남을 위해 대가 없이 나누는 것.

나누면 세상이 정말 좋아질까?

나눔은 왜 필요할까?

나누면 커진다는 말은 무슨 뜻일까?

나는 무엇을 나눌 수 있을까?

기부는 어떻게 하는 걸까?!

1일 나누면 정말 행복할까?

「행복한 왕자」

세계 | 명작

2일 나누면 커진다는 말은 무슨 뜻일까?

「트레버의 담요」

사회 | 설명하는 글

3일 기부는 어떻게 하는 걸까?

「기부, 우리도 할 수 있어요」

사회 | 발표문

4일 나눔은 왜 필요할까?

「덕진 다리」

우리 | 전래

5일 나누면 세상이 정말 좋아질까?

「나눔을 실천하는 단체」

사회 | 소개하는 글

행복한 왕자

어느 도시에 행복한 왕자의 동상이 있었어요. 몸은 금으로 덮여 있고, 눈은 반짝이는 사파이어였어요. 빨간 보석이 박힌 칼도 차고 있었지요.

겨울이 다가오던 어느 날, 따뜻한 남쪽 나라로 날아가던 제비가 행복한 왕자의 발밑에서 잠깐 쉬고 있었어요. 그때 제비의 날개 위로 물방울이 떨어졌어요. 행복한 왕자가 흘린 눈물이었어요.

"왕자님, 왜 울고 계신가요?"

"가난한 사람들 때문에 슬프구나. 저 아래 조그만 집에 사는 아픈 아이에게 내 칼에 박힌 보석을 떼어서 갖다주겠니?"

제비는 행복한 왕자의 말대로 했어요. 좋은 일을 해서 그런지 기분이 좋았어요. 아침이 오자, 행복한 왕자가 또 부탁을 했어요.

"내 눈에 박힌 사파이어를 며칠째 굶고 있는 젊은 시인과 성냥팔이 소녀에게 하나씩 가져다주렴."

날이 점점 쌀쌀해졌지만 제비는 떠나지 않고 남아서 행복한 왕자의 눈이 되어 주기로 했어요. 제비는 여기저기 다니며 보고 들은 것을 이야기해 주었어요. 불쌍한 사람들의 이야기를 들을 때마다 행복한 왕자는 몸에서 금을 떼어 가져다주게 했어요. 가난한 사람들이 기뻐할수록 행복한 왕자와 제비의 마음은 따뜻해졌어요. 행복한 왕자의 동상은 점점 흉한 잿빛이 되었어요.

찬 바람이 불고 함박눈이 내리던 어느 날, 제비는 행복한 왕자의 발밑에서 얼어 죽었어요. 그 순간 납으로 만든 행복한 왕자의 심장도 깨졌어요.

어느 날, 하느님이 천사에게 ㉠세상에서 가장 아름다운 것 두 가지를 가져오라고 했어요. 천사는 행복한 왕자의 깨진 심장과 제비를 가져갔지요.

"잘 찾았구나. 왕자와 제비를 하늘나라에서 언제까지나 행복하게 살게 해 주어라."

하느님은 기쁜 표정으로 말했어요.

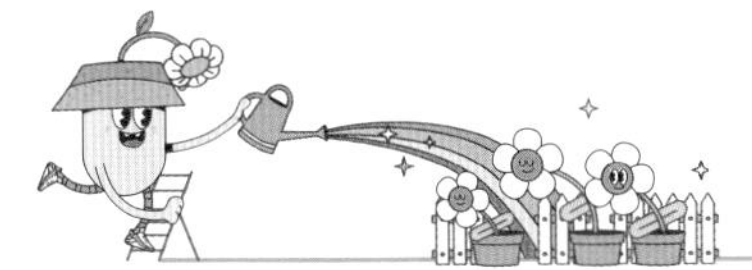

어휘 알기 색칠한 낱말과 초성을 보고 뜻풀이에 알맞은 낱말을 ___에 쓰세요.

ㅈ ㅂ 재의 빛깔과 같이 흰빛을 띤 검은빛. ________

ㅎ ㅎ ㄷ 생김새나 태도가 보기에 좋지 않다. ________

ㅅ ㅍ ㅇ ㅇ 매우 단단한 푸른빛의 광물. 다듬어서 보석으로 쓴다. ________

독해력 기르기

01 이 글의 배경이 되는 장소에 ◯ 하세요.

궁전 도시 시골 하늘나라

02 이 글의 내용으로 알맞지 않은 것은 무엇인가요? ( )

① 제비는 떠나지 않고 행복한 왕자 곁에 남았다.
② 제비는 따뜻한 남쪽 나라로 가지 못해 얼어 죽었다.
③ 행복한 왕자의 동상은 처음에는 화려하고 멋진 모습이었다.
④ 행복한 왕자의 모습이 점점 흉해지자 제비는 행복한 왕자를 떠났다.
⑤ 행복한 왕자는 자신의 몸에 있는 보석과 금을 불쌍한 사람들에게 주었다.

03 천사가 가져간 ㉠은 무엇인지 빈칸에 알맞은 말을 쓰세요.

행복한 왕자의 깨진 ☐☐ 과 ☐☐

04 **제비가 떠나지 않고 행복한 왕자의 곁에 남은 까닭에 ○ 하세요.**

(1) 행복한 왕자를 도우며 사람들에게 칭찬을 받고 싶었기 때문에 (　　)

(2) 행복한 왕자의 심부름을 하면서 나눔의 기쁨과 행복을 느꼈기 때문에 (　　)

05 **행복한 왕자와 제비의 태도에 대해 바르게 말한 친구에 ○ 하세요.**

(1) 자기를 희생해서라도 가난한 사람들을 돕고 싶어 해.

(2) 마음이 약해서 사람들의 부탁을 거절하지 못해.

(3) 호기심이 많아서 여기저기 돌아다니는 것을 좋아해.

06 **이 글의 내용을 요약했어요. 빈칸에 들어갈 알맞은 말을 쓰세요.**

보석으로 화려하게 장식된 행복한 ①□□의 동상이 있었다. 어느 날 남쪽으로 가던 제비가 행복한 왕자의 부탁을 들어줬다. ②□□는 행복한 왕자의 몸에 박힌 보석들과 금을 떼어 가난한 사람에게 가져다주었다. 행복한 왕자의 모습은 초라해졌고, 제비는 추운 날씨 탓에 얼어 죽었다. 하늘나라에서 하느님이 천사에게 세상에서 가장 아름다운 것을 가져오라고 했다. 천사는 행복한 왕자의 깨진 ③□□과 제비를 가져갔고, 하느님은 둘을 하늘나라에서 살게 했다.

① ________　② ________　③ ________

어휘력 더하기

모양이 같은 말

밑줄 친 낱말의 뜻을 찾아 선으로 이으세요.

(1) 남극에 간 탐험가가 동상에 걸렸다. •　　　• (가) 사람이나 동물의 모습으로 만든 기념물.

(2) 광장에 이순신 장군의 동상이 서 있다. •　　　• (나) 추위 때문에 살갗이 얼어서 상하는 일.

(3) 높이뛰기 대회에서 동상을 받았다. •　　　• (다) 상을 금, 은, 동으로 나누었을 때 삼 등이 받는 상.

뜻이 여러 개인 말

밑줄 친 낱말이 어떤 뜻으로 쓰였는지 번호를 쓰세요.

깨지다

① 단단한 물건이 여러 조각이 나다.

② 몸에 상처가 나다.

③ 약속이나 규칙들이 지켜지지 않다.

(1) 넘어져서 무릎이 깨졌다. (　　)

(2) 납으로 만든 왕자의 심장이 깨졌다. (　　)

(3) 오늘 만나기로 한 친구와 약속이 깨졌다. (　　)

토픽 한 줄 정리

천사가 세상에서 가장 아름다운 것으로 행복한 왕자의 깨진 심장과 제비를 가져간 이유는 뭘까?

내 생각에는 ____________________

____

담요 하나로 나눔을 실천한 아이가 있대. 궁금하면 다음 장을 넘겨 봐! >>>>>

트레버의 담요

담요 하나로 시작한 나눔이 눈덩이처럼 커져 세상을 따뜻하게 만든 이야기가 있어요. 이 이야기의 주인공은 열한 살의 트레버 페렐이라는 한 소년이에요.

트레버는 미국의 필라델피아라는 도시에 살고 있었어요. 1983년 크리스마스를 앞둔 어느 날, 트레버는 뉴스에서 노숙자들이 추운 겨울을 힘겹게 보내는 모습을 봤어요. 트레버는 그들을 돕고 싶었어요.

트레버는 부모님과 함께 집에 있는 담요를 갖고 나와 추위에 떨고 있는 노숙자에게 전해 주었어요. 트레버는 고마워하는 노숙자를 보며 보람을 느꼈어요. 그래서 며칠 동안 계속해서 거리에 나와 노숙자들에게 담요를 나누어 주었어요. 집에 있는 담요가 동이 나자, ㉠트레버는 지역 신문에 담요와 옷 등을 보내 달라는 광고를 냈어요.

이 광고를 본 이웃들이 트레버의 나눔에 함께했어요. 많은 사람이 담요와 옷, 음식을 기부했고, 봉사하겠다고 찾아오는 사람도 많았어요. 트레버와 부모님은 자원봉사자들과 함께 '트레버 캠페인'을 만들었어요. 낡은 호텔을 기증받아 노숙자들의 쉼터로 썼지요. 덕분에 노숙자들은 배고픔과 추위를 견딜 수 있었어요.

트레버 캠페인은 오늘날까지도 계속되어 수많은 노숙자들에게 큰 도움을 주고 있어요. 열한 살 소년의 작은 나눔이 세상을 따뜻하게 변화시킨 씨앗이 된 거죠.

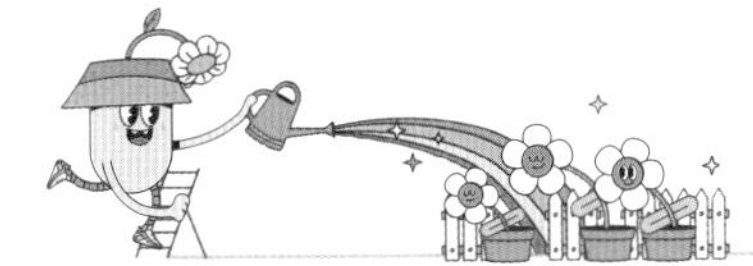

어휘 알기 색칠한 낱말과 초성을 보고 뜻풀이에 알맞은 낱말을 ___에 쓰세요.

ㅂ ㄹ 어떤 일을 한 뒤에 얻는 좋은 결과나 느낌. ______

ㄴ ㅅ ㅈ 길이나 공원 같은 한데서 잠을 자는 사람. ______

ㅋ ㅍ ㅇ 어떤 일을 함께하자고 널리 알리는 운동. ______

ㅈ ㅇ ㅂ ㅅ ㅈ 어떤 일을 대가 없이 참여하여 돕는 사람. ______

독해력 기르기

01 트레버가 처음에 노숙자를 돕기 위해 나눠 준 것은 무엇인지 알맞은 것에 ◯ 하세요.

(1) 

(2) 

02 다음 상황에서 트레버가 한 생각을 찾아 선으로 이으세요.

(1) 노숙자들이 추운 겨울을 힘겹게 보내는 것을 보았다. • • (가) 보람을 느꼈다.

(2) 노숙자에게 담요를 주자 트레버에게 고마워했다. • • (나) 돕고 싶었다.

03 이 글을 읽고 느낀 점으로 알맞지 않은 말을 하는 친구에 ○ 하세요.

(1) 작고 사소해 보이는 나눔도 큰 힘이 있다는 걸 깨달았어.

(2) 나눔의 마음이 사람들에게 전해지는 과정이 감동적이었어.

(3) 트레버가 어렸기 때문에 사람들은 트레버를 도운 거야.

04 다음 인물과 트레버의 공통점으로 알맞은 것에 ○ 하세요.

미국에 사는 알렉스 스콧이라는 다섯 살 소녀는 자신처럼 소아암에 걸린 아이들을 돕기 위해 집 앞에서 레몬에이드를 팔았다. 알렉스에게 감동받은 사람들이 모여 첫날에만 4000잔이 팔렸다. 알렉스는 레몬에이드를 판매한 돈을 소아암 치료를 돕는 병원에 기부했다.

(1) 나이는 어리지만 남을 도우려는 따뜻한 마음을 가졌다.

(2) 힘든 상황 속에서도 포기하지 않는 용기를 가졌다.

05 이 글의 내용을 요약했어요. 빈칸에 들어갈 알맞은 말을 쓰세요.

①□□□는 뉴스에서 노숙자들이 힘겹게 겨울을 보내는 모습을 봤다. 트레버는 집에 있는 ②□□를 노숙자들에게 나누어 주었다. 이어서 사람들에게 담요, 옷 등을 기부해 달라는 광고도 냈다. 사람들은 트레버의 나눔에 감동받아 담요, 옷, 음식 등을 보냈고, 자원봉사에 나섰다. 트레버와 부모님은 트레버 캠페인을 만들어 수많은 ③□□□들을 도왔다.

① ______________ ② ______________ ③ ______________

낱말 퍼즐

가로 풀이와 세로 풀이를 보고, 뜻에 알맞은 말을 빈칸에 쓰세요.

❶① 기	증		
	❷		② 이

가로 풀이

❶ 어떤 단체에 물건 같은 것을 거저 주는 것.

❷ 눈으로 만들어진 덩이.

세로 풀이

① 남을 도우려고 돈이나 물건을 대가 없이 내놓는 것.

② 가까이 사는 집. 또는 그런 사람.

합쳐진 말

빈칸에 알맞은 말을 쓰세요.

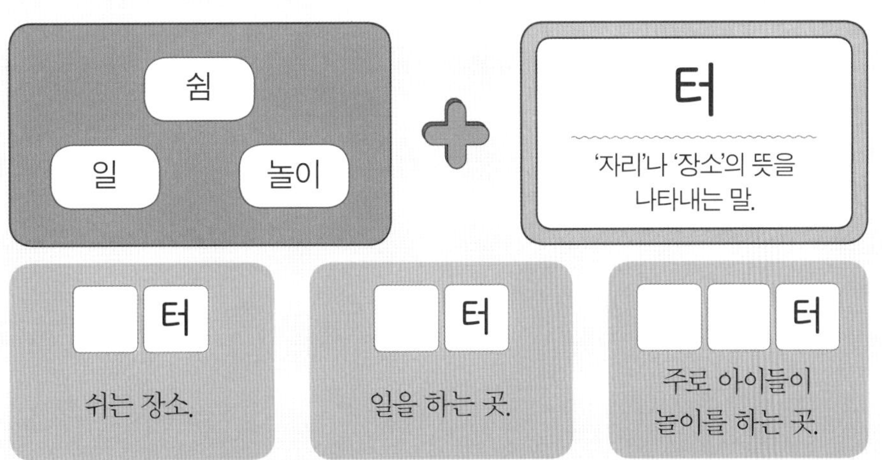

☐ 터 — 쉬는 장소.

☐ 터 — 일을 하는 곳.

☐☐ 터 — 주로 아이들이 놀이를 하는 곳.

토픽 한 줄 정리

추운 겨울을 힘겹게 보내는 사람들에게 무엇을 나누어 주고 싶니?

☐ 따뜻한 손난로 ☐ 두꺼운 목도리 ☐ ____________

왜냐하면 ________________________________

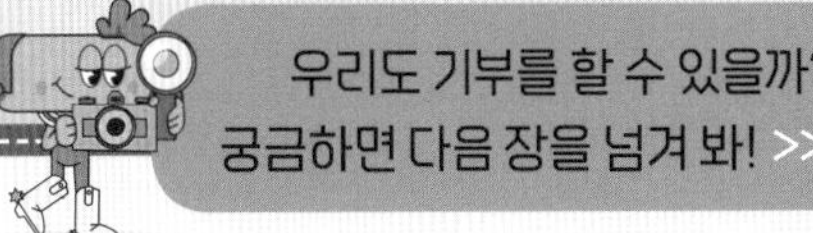

기부, 우리도 할 수 있어요

안녕하세요? 저는 2학년 3반 김하린입니다. 제가 발표할 주제는 '어린이가 할 수 있는 기부'입니다. 기부를 어렵게 생각하거나 기부하는 방법을 모르는 친구들이 있는 것 같아 우리가 할 수 있는 기부 방법을 소개하려고 합니다.

첫째, 용돈을 모아 기부할 수 있습니다. 장난감이나 간식을 살 용돈을 조금씩 아끼면 어려운 이웃을 도울 수 있습니다. 주변에는 나눔을 실천하는 단체들이 많습니다. 돈이 어디에 쓰이면 좋을지 마음을 정한 뒤, 알맞은 나눔 단체를 골라 돈을 기부하면 됩니다.

둘째, 물건을 기부할 수 있습니다. 옷, 가방, 책, 장난감 등 작아지거나 사용하지 않는 물건 중에 쓸 만한 것이 있는지 찾아보세요. 나에게는 필요하지 않지만 다른 사람에게는 꼭 필요한 물건일 수도 있습니다. 이런 물건을 모아 기증 단체에 직접 가져다주거나 집으로 와서 물건을 가져가도록 신청하면 됩니다.

셋째, 내가 직접 참여하는 기부도 있습니다. 소아암을 앓고 있는 어린이들은 머리카락이 빠지기 때문에 가발이 필요합니다. 이 친구들을 위해 머리카락을 기부할 수 있습니다. 또 시각 장애가 있는 친구를 위해 책을 읽어 녹음해 주는 목소리 기부도 있습니다.

㉠내가 할 수 있는 작은 기부부터 시작해 보십시오. 기부라는 좋은 습관을 들일 수 있을 것입니다.

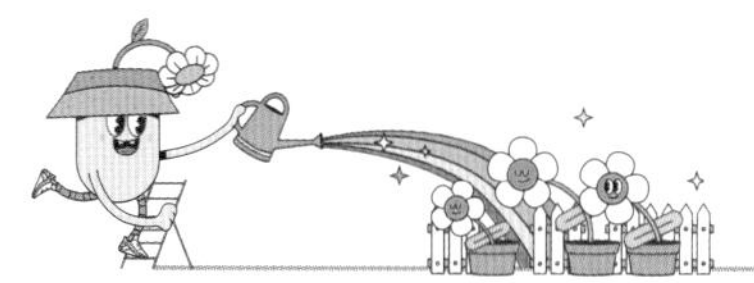

어휘 알기 색칠한 낱말과 초성을 보고 뜻풀이에 알맞은 낱말을 ___에 쓰세요.

ㄴ ㅇ 나중에 그대로 다시 들을 수 있도록 소리를 저장 매체에 담아 두는 것. ______

ㅊ ㅇ ㅎ ㄷ 어떤 일에 기꺼이 끼어서 함께하다. ______

ㅅ ㅊ ㅎ ㄷ 기관이나 단체에 어떤 일을 해 달라고 요청하다. ______

독해력 기르기

01 발표자가 발표한 내용은 무엇인지 빈칸에 알맞은 말을 쓰세요.

어린이가 할 수 있는 ☐☐ 방법

02 이 글에서 소개한 기부 방법이 아닌 것은 무엇인가요? (   )

① 용돈을 모아 기부하는 방법
② 음식을 기부하는 방법
③ 머리카락을 기부하는 방법
④ 목소리를 기부하는 방법
⑤ 물건을 기부하는 방법

03 이 글에 대한 설명으로 알맞으면 ○, 알맞지 않으면 × 하세요.

(1) 자기소개를 간단히 하고, 발표 주제를 말했다. (   )
(2) 기부 방법을 크게 세 가지로 나누어 설명했다. (   )
(3) 기부할 때 조심해야 할 점을 중심으로 설명했다. (   )

04 발표자의 생각과 비슷한 생각을 골라 ○ 하세요.

(1) 기부는 어른이 되어서 해야 한다. (　　　)

(2) 기부를 할 때 돈으로 하는 것이 가장 좋다. (　　　)

(3) 기부는 어렵지 않으니 작은 기부라도 시작하자. (　　　)

05 ㉠을 바르게 실천하지 <u>못한</u> 친구의 이름을 쓰세요. (　　　　　　)

> **재형:** 용돈을 모아 도움이 필요한 아프리카 어린이를 후원할 거야.
> **무진:** 작아진 옷들과 다 본 책들을 상자에 담아 기증 단체에 갖다줄 거야.
> **소라:** 돈을 조금만 기부하면 창피하잖아. 기부를 하려면 큰돈을 모아서 한번에 하는 게 좋아.
> **정아:** 머리카락 기부를 할 때는 머리카락이 25센티미터보다 길어야 한대. 꾹 참고 길러서 기부를 할 거야.

06 이 글의 내용을 요약했어요. 빈칸에 들어갈 알맞은 말을 쓰세요.

①□□□도 할 수 있는 기부 방법

②□□을 모아 기부한다. 돈이 어디에 쓰이면 좋을지 생각한 뒤, 알맞은 나눔 단체를 골라 기부한다.	쓰지 않는 ③□□을 기부한다. 나에게는 쓸모없지만 다른 사람에게 소중하게 쓰일 수 있으니 기증 단체에 기부한다.	참여를 통해 기부하는 방법이 있다. 소아암을 앓는 어린이를 위한 머리카락 기부, 책을 읽어 녹음해 주는 목소리 기부 등이 있다.

① ________　② ________　③ ________

어휘력 더하기

낱말의 뜻

알맞은 말에 ○ 해서 낱말의 뜻을 완성하세요.

(1) 습관 (여러 번 , 두 번) 되풀이하면서 몸에 밴 행동.

(2) 용돈 웃어른이나 가족에게 타서 (쓰는 , 버리는) 돈.

(3) 단체 목적이나 생각이 (다른 , 같은) 사람들이 모여서 만든 모둠.

뜻이 비슷한 말

밑줄 친 낱말과 바꿔 쓸 수 있는 말을 찾아 선으로 이으세요.

(1) 용돈을 아끼다. • • (가) 골라내다

(2) 기부할 물건을 고르다. • • (나) 절약하다

(3) 나눔 활동에 참여하다. • • (다) 참가하다

토픽 한 줄 정리

네가 할 수 있는 기부 계획을 세워 봐!

____________________(을)를 위해서

☐ 용돈 ☐ 물건 ☐ 머리카락 ☐ 목소리 ☐ __________(을)를 기부할래.

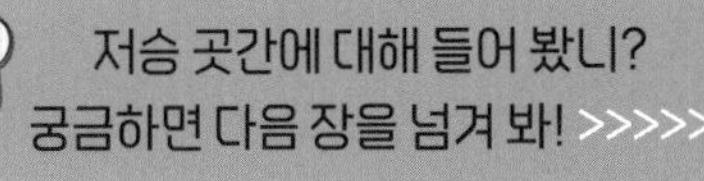

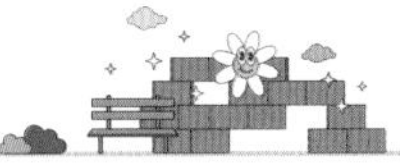

덕진 다리

옛날에 덕진이라는 아가씨가 주막을 하며 지냈어. 덕진이는 배고픈 사람에게는 밥을 주고, 옷이 없는 사람에게는 자기 옷도 선뜻 내주었어. 하지만 그 고을의 원님은 정반대였어. 백성들이 굶어도 제 배만 차면 그만이었지. 그런데 이 욕심 사납고, 고약한 원님이 갑자기 죽었어. 저승사자는 원님을 염라대왕 앞으로 끌고 갔어. 염라대왕은 저승의 장부를 보면서 말했어.

"못된 짓을 많이도 했구나. 어? 이자는 죽을 때가 안 되었는데 왜 데려왔느냐? 이승으로 다시 돌려보내거라!"

그런데 죽은 사람이 이승으로 돌아가려면 쌀 삼백 석을 바쳐야 한대. 저승사자는 원님을 데리고 저승 곳간으로 갔어. 저승 곳간은 이승에서 베푼 것들이 고대로 쌓이는 곳이었어. 그런데 ㉠원님의 저승 곳간에는 덜렁 짚 한 단밖에 없었어. 저승사자는 옆에 있는 곳간 문을 열어 보았어. 그랬더니 곡식, 돈, 쌀 등이 가득 쌓여 있지 뭐야.

"이곳은 너희 고을에 사는 덕진이의 창고다. 이 창고에서 쌀 삼백 석을 빌려서 내고, 이승에 돌아가 꼭 갚도록 하여라!"

이승으로 돌아온 원님은 덕진이를 찾아갔어. 원님은 저승에서 겪은 일을 이야기하며 쌀 삼백 석을 갚겠다고 했지.

"저승의 일은 제가 모르는 일이니 받을 수 없습니다."

원님이 막무가내로 쌀을 가져다주어도 덕진이는 도로 돌려보냈어. 그래서 원님은 덕진이에게 갚을 빚을 [㉡]

"다리가 없어 강을 건너지 못하는 사람이 많으니 다리를 놓아야겠구나."

원님은 강에 다리를 놓고 그 다리를 '덕진 다리'라고 이름 붙였어. 원님은 그 뒤로도 덕진이처럼 아낌없이 나누며 살았대.

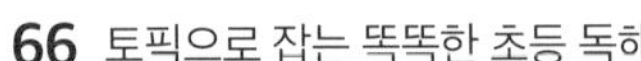

어휘 알기 색칠한 낱말과 초성을 보고 뜻풀이에 알맞은 낱말을 ___에 쓰세요.

ㅇ ㅅ 지금 살고 있는 세상. 반대말은 '저승'이다. ________

ㅅ ㄴ ㄷ 성질이나 행동이 모질고 억세다. ________

ㅈ ㅅ ㅅ ㅈ 저승에서 염라대왕의 명을 받고 죽은 사람의 넋을 데리러 온다는 심부름꾼. ________

독해력 기르기

01 원님이 이승으로 돌아가려면 무엇을 내야 했는지 빈칸에 알맞은 말을 쓰세요.

저승에 [ ] 삼백 석을 내야 했다.

02 ㉠이 뜻하는 내용으로 알맞은 것에 ○ 하세요.

(1) 원님은 이승에서 재물을 모으지 않고 펑펑 썼다. ( )

(2) 원님은 이승에서 사람들에게 베푼 것이 거의 없었다. ( )

03 덕진이와 원님의 행동으로 짐작할 수 있는 각 인물의 성격을 찾아 선으로 이으세요.

(1) 덕진이는 도움이 필요한 사람들에게 밥도 주고 옷도 내주었다. • • (가) 욕심이 많다.

(2) 원님은 백성들이 굶어도 제 배만 차면 그만이었다. • • (나) 마음씨가 곱다.

04 ㉡에 들어갈 내용으로 알맞은 것에 ○ 하세요.

(1) 자기가 다시 갖기로 했지. (　　)

(2) 백성들에게 베풀기로 했지. (　　)

(3) 덕진이 주막에 던져 놓고 왔지. (　　)

05 이 글을 읽고 느낀 점으로 알맞지 않은 말을 하는 친구에 ○ 하세요.

(1) 남에게 따뜻하게 베푸는 마음이 소중하다는 걸 느꼈어.

(2) 저승까지 다녀온 원님이 마지막까지 반성하지 않아서 안타까웠어.

(3) 덕진이와 원님을 통해 어떻게 사는 것이 바람직한 모습인지 깨달았어.

06 이 글의 내용을 요약했어요. 빈칸에 들어갈 알맞은 말을 쓰세요.

옛날에 한 원님이 갑자기 죽어 ①□□에 갔다. 원님은 죽을 때가 되어서 온 것이 아니어서 쌀 삼백 석을 바치면 이승으로 돌아갈 수 있었다. 하지만 원님의 저승 곳간에는 짚 한 단밖에 없었다. 같은 고을에 사는 ②□□이는 사람들에게 베푼 것이 많아 저승 곳간에 곡식, 돈, 쌀 등이 가득했다. 원님은 덕진이의 곳간에서 쌀을 빌리고 이승에 돌아가 갚기로 했다. 원님이 덕진이를 찾아가 쌀을 갚으려 했으나 덕진이는 자신은 모르는 일이니 안 받겠다고 했다. 원님은 대신에 고을의 강에 ③□□를 놓고 '덕진 다리'라고 이름 붙였다.

① ________ ② ________ ③ ________

어휘력 더하기

장소를 나타내는 말

빈칸에 들어갈 알맞은 말을 찾아 쓰세요.

고을 주막 곳간

□□	□□	□□
옛날에 길가에서 밥 등을 팔고, 나그네를 묵게 하던 곳.	곡식이나 물건을 넣어 두는 곳.	옛날에 마을이나 지방을 이르던 말.

모양이 같은 말

밑줄 친 낱말의 뜻을 찾아 선으로 이으세요.

(1) 사람은 팔과 다리가 두 개씩 있다. • • ㈎ 기거나 걷거나 뛰는 일을 하는 몸의 한 부분.

(2) 다리만 건너면 할머니 댁이다. • • ㈏ 사람, 자동차 등이 다니게 길, 강, 바다를 가로질러 세우거나 걸쳐 놓은 시설.

토픽 한 줄 정리

너의 저승 곳간은 가득 찼을까, 아닐까?

□ 가득 찼을 거야. □ 조금 찼을 거야. □ 텅텅 비었을 거야.

왜냐하면 ______________________________

세상에는 누군가를 돕는 사람들이 많대. 다음 장을 넘겨 봐! >>>>>

나눔을 실천하는 단체

나눔을 실천하여 세상을 아름답게 만드는 단체들이 있어요. 사람들을 도우며 보다 나은 세상을 만들기 위해 노력하고 있는 단체에 대해 알아볼까요?

세이브 더 칠드런은 어린이를 돕는 단체예요. 전쟁, 가난, 질병 등으로 고통받는 어린이들에게 식량을 나눠 주고, 아픈 아이를 치료해 주어요. 또 학교와 같은 교육 시설과 교육 프로그램을 제공해 어린이들이 마음껏 공부하고, 미래를 꿈꿀 수 있도록 도와요.

푸드 뱅크는 먹을거리를 나누는 단체예요. 우리 주변에는 먹을 것을 살 돈이 없어 밥을 굶는 이웃들이 있어요. 이들을 위해 푸드 뱅크는 식품을 만드는 회사나 개인에게서 먹을거리를 받아 직접 전해 주거나 무료 급식소를 만들어 나눠 주고 있어요.

전 세계의 의료인들이 참여하는 국경 없는 의사회는 전쟁이나 재해 등으로 고통받는 사람들을 돕는 단체예요. 긴급하게 치료해야 할 사람이 있는 곳이면 어디든 달려가서 환자를 치료하고, 구호 물품을 나눠 주어요. 또 더러운 물을 마셔 병에 걸리지 않도록 식수를 깨끗하게 관리하는 등 사람들이 건강하게 살아가는 데 꼭 필요한 도움을 주고 있어요.

이 밖에도 기증받은 물건으로 나눔을 실천하는 '아름다운 가게', 집 없는 사람에게 집을 지어 주는 '해비타트', 가난한 사람들을 돕는 '옥스팜' 등 아무런 대가 없이 누군가를 돕는 단체들이 많아요. 이들 덕분에 우리가 사는 세상은 조금씩 따뜻해지고 있어요.

어휘 알기 색칠한 낱말과 초성을 보고 뜻풀이에 알맞은 낱말을 ___에 쓰세요.

ㄷ ㄱ 일을 한 값으로 받는 돈. ________

ㄱ ㅎ 전쟁, 자연재해, 굶주림 들로 고통을 겪는 사람을 돕는 것. ________

ㄱ ㄱ ㅎ ㄷ 아주 중요하고 급하다. ________

독해력 기르기

01 이 글에 대한 설명으로 알맞은 것에 ○ 하세요.

(1) 나눔을 실천해야 한다고 주장하는 글이다. ( )

(2) 나눔을 실천하는 여러 단체를 소개하는 글이다. ( )

02 이 글에서 소개한 나눔 단체가 하는 일을 찾아 알맞게 선으로 이으세요.

(1) 국경 없는 의사회 • • (가) 전쟁, 가난, 질병 등으로 고통받는 어린이를 돕는 단체

(2) 푸드 뱅크 • • (나) 굶주리는 이웃을 위해 음식을 기부받아 나눠 주는 단체

(3) 세이브 더 칠드런 • • (다) 전쟁이나 재해 등으로 긴급하게 치료해야 할 사람들을 돕는 단체

03 다음 신문 기사의 빈 곳에 들어갈 알맞은 나눔 단체에 ◯ 하세요.

○○신문 20○○년 ○월 ○일

러시아와 우크라이나 사이에 전쟁이 벌어졌다. 러시아의 공격으로 많은 사람이 다치자 ______ 은(는) 전투 지역에 들어가 구호 활동을 벌이고 있다. 전쟁으로 다친 사람들을 치료해 주고, 응급 치료 물품도 나누어 주었다.

(1) 푸드 뱅크 (2) 세이브 더 칠드런 (3) 국경 없는 의사회

04 이 글에서 설명하는 나눔 단체와 성격이 비슷한 단체에 ◯ 하세요.

(1) **반크**
인터넷으로 우리나라를 알리는 단체로, 우리나라에 대해 잘못 알려진 사실을 바로잡기 위해 노력한다.

(2) **유니세프**
가난한 나라에서 굶주림과 질병으로 고통받는 아이들을 도와주기 위해 노력한다.

05 이 글의 내용을 요약했어요. 빈칸에 들어갈 알맞은 말을 쓰세요.

①☐☐을 실천하는 단체

세이브 더 칠드런	푸드 뱅크	국경 없는 의사회
전쟁, 가난, 질병 등으로 어려움에 처한 ②☐☐☐를 돕는 단체이다.	식품을 만드는 회사나 개인에게 먹을거리를 받아서 가난한 이웃에게 전해 주는 단체이다.	전쟁, 재해 등으로 긴급하게 ③☐☐를 받아야 하는 사람들을 도와주는 단체이다.

① ______ ② ______ ③ ______

어휘력 더하기

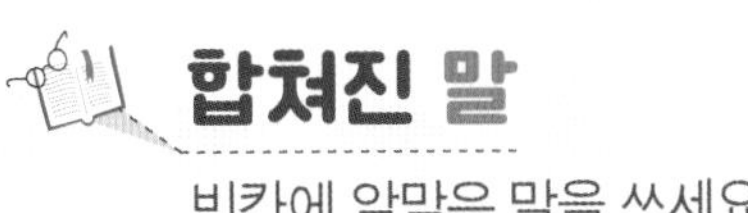

합쳐진 말

빈칸에 알맞은 말을 쓰세요.

□□거리	□거리	□□거리
먹을 수 있거나 먹을 만한 음식.	사람들이 즐겁게 구경할 만한 물건이나 일.	읽을 만한 책이나 글.

뜻이 비슷한 말

밑줄 친 낱말과 뜻이 비슷한 말에 ○ 하세요.

(1) 밥을 굶는 이웃들이 있다. — 끼니 / 점심

(2) 깨끗한 식수를 마셔야 한다. — 주스 / 물

(3) 어려움에 처한 어린이를 돕다. — 아이 / 소년

토픽 한 줄 정리

후원하고 싶은 나눔 단체가 있니?

□ 세이브 더 칠드런 □ 푸드 뱅크 □ 국경 없는 의사회 □ ____________

왜냐하면 ____

나와 다르다고 차별하면 안 된다고?

인권은 왜 필요할까?

어린이도 권리가 있을까?

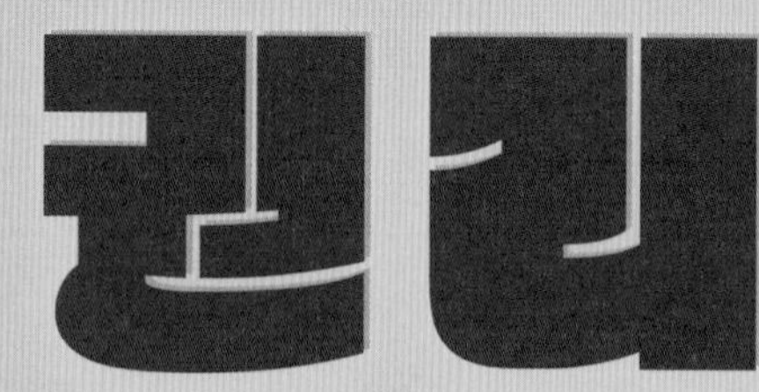

권리

| 어떤 일을 자기 뜻대로 할 수 있는 당연한 힘이나 자격.

인권이란 무엇일까?

꼭 지켜야 할 권리는 무엇일까?

인권을 해치는 만화 영화가 있다고?

권리는 어떻게 지켜야 할까?

권리는 누구에게나 있을까?

1일

어린이도 권리가 있을까?

「홍당무」

세계 | 명작

2일

인권이란 무엇일까?

「누구나 차별 없이 누려야 할 권리, 인권」

사회 | 주장하는 글

3일

인권을 해치는 만화 영화가 있다고?

「만화 영화 속에 숨은 편견」

문화 | 설명하는 글

4일

권리는 어떻게 지켜야 할까?

「조선, 장애인의 자립을 돕다」

역사 | 설명하는 글

5일

꼭 지켜야 할 권리는 무엇일까?

「노동자의 권리를 찾은 전태일」

우리 | 인물

홍당무

나는 우리 집에서 가장 어리다. 그런데 엄마는 나에게만 일을 시키고 구박한다. 다른 집은 막내를 귀여워한다는데, 엄마는 형과 누나에게만 상냥하다.

밤이 되자 엄마는 우리에게 닭장 문을 닫으라고 했다. 게으르고 겁 많은 형과 누나는 단번에 거절했다. 나도 무섭다고 했지만 엄마는 눈을 부릅뜨며 소리쳤다.

“홍당무, 네 나이가 몇 살인데 무섭다고 하니? 어서 다녀오지 못해!”

엄마는 늘 나를 홍당무라고 부른다. 내 머리카락이 빨간색이고, 얼굴에는 주근깨가 많아 홍당무와 닮았다나! 별명으로만 부르니 가족들도 내 이름을 기억하지 못한다.

형과 누나는 킥킥대며 약을 올렸다. 우리 가족은 늘 이런 식으로 날 놀린다.

“우리 집에서 가장 용감한 홍당무!”

“홍당무 없이는 못 살아. 닭장 문은 누가 닫아?”

현관문을 열자 바람이 세차게 불었다. 촛불이 휙 꺼져 깜깜했지만 용기를 내서 뛰어가 닭장 문을 닫았다. 집에 들어와 숨을 고르는데 엄마가 쌀쌀맞게 말했다.

“홍당무! 이제부터는 밤마다 네가 닭장 문을 닫아라.”

다음 날, 가족이 모여 수박을 먹었다. 엄마는 늘 하던 대로 말했다.

“홍당무는 나를 닮아서 수박을 싫어해.”

그런데 엄마는 내가 먹을 수 있는 음식은 말해 주지 않는다. 나는 스스로 수박을 먹는 방법을 터득해야 했다. 가족이 수박을 먹고 나면 엄마는 꼭 내게 수박 껍질을 토끼한테 갖다주라고 한다. 수박은 ㉠이때 먹으면 된다.

나는 토끼장에 자리를 잡고 앉아 수박 껍질에 남은 붉은 부분을 모조리 긁어 먹었다. 쟁반에 고인 달큼한 수박 물도 쩝쩝 핥았다. 그런데 이럴 때면 내가 토끼인지 토끼가 나인지 헷갈린다.

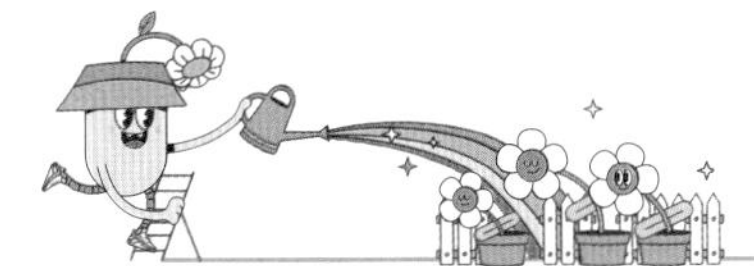

어휘 알기 색칠한 낱말과 초성을 보고 뜻풀이에 알맞은 낱말을 ___에 쓰세요.

ㅌ ㄷ 깊이 생각하여 이치를 깨달아 알아냄. ______

ㄱ ㅂ ㅎ ㄷ 못 견디게 괴롭히다. ______

ㅆ ㅆ ㅁ ㄷ 성격이나 행동이 따뜻한 정이나 붙임성이 없이 차갑다. ______

독해력 기르기

01 이 글의 주인공은 누구인지 빈칸에 이름을 쓰세요.

☐☐☐

02 홍당무가 엄마에게 구박받는다고 느낀 일이 아닌 것은 무엇인가요? (   )

① 형과 누나도 있는데 홍당무에게만 일을 시켰다.

② 가족이 모여 수박을 먹을 때 홍당무만 못 먹게 했다.

③ 홍당무에게는 쌀쌀맞고, 형과 누나에게는 상냥했다.

④ 홍당무가 막내라며 형과 누나보다 심부름을 적게 시켰다.

⑤ 밤마다 홍당무 혼자 나가서 닭장 문을 닫고 오라고 했다.

03 ㉠이 가리키는 '이때'는 언제인지 알맞은 것에 ◯ 하세요.

(1) 가족이 모여 수박을 먹을 때 (   )

(2) 수박 껍질을 토끼에게 갖다줄 때 (   )

04 이 글에서 홍당무가 가족에게 느꼈을 마음을 모두 고르세요.

(, ,)

① 외롭다 ② 슬프다 ③ 미안하다

④ 섭섭하다 ⑤ 행복하다

05 홍당무의 엄마에게 해 줄 말로 알맞은 내용을 말하는 친구에 ○ 하세요.

(1) 아이를 바르게 키우려면 좀 더 엄하게 대해야 해요.

(2) 아이와 약속을 지켜야 부모에 대한 믿음이 생겨요.

(3) 아이들을 사랑으로 보살펴야지 차별하면 안 돼요.

06 이 글의 내용을 요약했어요. 빈칸에 들어갈 알맞은 말을 쓰세요.

①□□는 나에게만 일을 시키고 구박한다. 밤이 되자 엄마는 형과 누나도 있는데 나에게 ②□□ 문을 닫으라고 시켰다. 심지어 엄마는 이제부터 밤마다 나에게 닭장 문 닫는 일을 하라고 했다. 다음 날 가족이 모여 수박을 먹는데 엄마는 내가 수박을 좋아하지 않는다고 했다. 나는 ③□□□에 수박 껍질을 버리러 가서 껍질에 남은 붉은 부분을 긁어 먹었다.

① ________ ② ________ ③ ________

어휘력 더하기

모양이 같은 말

밑줄 친 낱말의 뜻을 찾아 선으로 이으세요.

(1) 형과 누나가 약을 올렸다. •　　　　• (가) 병이나 상처를 낫게 하거나 예방하려고 먹거나 바르거나 주사하는 것.

(2) 약국에 가서 약을 사 왔다. •　　　　• (나) 기분이 나쁘거나 비위에 거슬려 화가 발끈 나는 것.

헷갈리는 말

알맞은 말에 ○ 하세요.

껍질	껍데기
물체의 겉을 싸고 있는 단단하지 않은 물질.	달걀이나 조개 따위의 겉을 싸고 있는 단단한 물질.

(1) 달걀 (껍질 , 껍데기)이(가) 깨졌다.

(2) 호두 (껍질 , 껍데기)은(는) 딱딱하다.

(3) 귤 (껍질 , 껍데기)을(를) 까서 한입에 먹었다.

(4) 바나나 (껍질 , 껍데기)을(를) 쓰레기통에 버렸다.

토픽 한 줄 정리

홍당무에게 필요한 권리는 무엇일까?

- ☐ 사랑받을 권리
- ☐ 잘 먹을 권리
- ☐ 힘든 일을 하지 않을 권리
- ☐ 마음껏 놀 권리
- ☐ ______________________

왜냐하면 ______________________________

인간답게 살기 위한 권리가 있대.
궁금하면 다음 장을 넘겨 봐! >>>>>

누구나 차별 없이 누려야 할 권리, 인권

'인권'은 사람이 사람답게 살기 위해 반드시 누려야 하는 권리야. 자유롭게 살아갈 권리, 교육받을 권리, 일할 권리, 행복을 누릴 권리 등 우리가 당연하다고 생각하는 것들이 모두 인권이야. 인권은 누구나 차별 없이 누려야 해.

옛날에는 왕, 귀족, 평민, 노예 같은 신분이 있었어. 이런 사회에서는 신분이 높은 왕과 귀족만 존중받았지. ㉠신분이 낮은 사람은 인권은커녕 가난과 배고픔, 차별과 박해를 받았어. 하지만 '모든 사람은 자유롭고 평등하다.'라는 생각이 커지면서 사람의 신분을 나누고 차별하는 일은 사라졌어.

하지만 모든 차별이 사라진 건 아니었어. ㉡여자는 남자보다 능력이 없다며 차별하고, ㉢미국에서는 흑인을 차별하는 일도 많았지. 이런 차별을 없애기 위해 많은 사람이 힘들게 싸워서 잘못된 법을 바꾸고 사람들의 생각을 변화시켜 왔어.

이런 노력에도 불구하고 여전히 차별이 남아 있어. 피부색, 성별, 장애를 이유로, 또 생각이 다르다는 이유로 다른 사람을 차별하는 이들이 있어. 이런 생각은 다른 사람의 권리를 무시하는 행동으로 이어지기도 해.

모두가 행복한 세상에서 살려면 서로의 차이를 받아들이고 존중해야 해. 그러자면 다른 사람에게도 나와 똑같은 인권이 있다는 것을 잊지 말아야겠지?

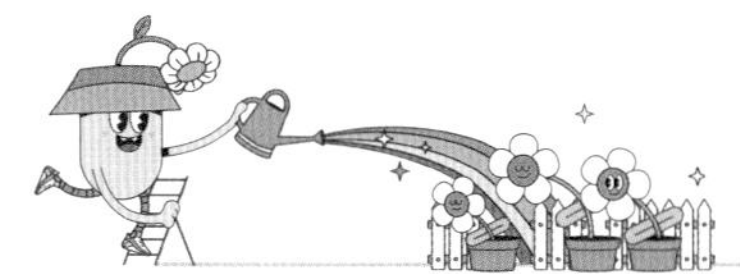

어휘 알기 색칠한 낱말과 초성을 보고 뜻풀이에 알맞은 낱말을 ___에 쓰세요.

ㅈ	ㅈ	높이어 귀중하게 대함.	______
ㅊ	ㅇ	서로 같지 아니하고 다름.	______
ㅂ	ㅎ	남을 괴롭히거나 해롭게 하는 것.	______

독해력 기르기

01 인권이 무엇인지 빈칸에 알맞은 말을 쓰세요.

사람이 □□□□ 살기 위해 누려야 할 권리

02 인권에 속하지 <u>않는</u> 것은 무엇인가요? (　　　)

① 교육받을 권리　② 일할 권리　③ 차별해도 될 권리
④ 행복을 누릴 권리　⑤ 자유롭게 살아갈 권리

03 이 글의 내용을 바르게 이해하지 <u>못한</u> 친구의 이름을 쓰세요. (　　　　　)

경빈: 옛날에는 신분이 낮은 사람에게 인권이 없었어.
진아: 많은 사람이 힘들게 싸워서 인권을 지켜 냈어.
희민: 옛날에는 남자가 여자보다 차별을 많이 당했어.

해답·해설 104쪽

04 다음 내용은 ㉠~㉢ 중 어느 것과 관련 있는지 기호를 쓰세요. (　　　)

> 옛날에 미국은 아프리카에서 흑인을 데려와 노예로 썼다. 노예 제도가 없어졌어도 미국은 한동안 흑인을 차별했다. 흑인에게는 대통령이나 의회 의원을 뽑는 투표권을 주지 않았다. 백인과 같은 학교에 다니지 못했고, 식당에서 백인과 같이 밥을 먹지도 못했다.

05 이 글에 나온 인권을 지킬 수 있는 방법이 아닌 것에 × 하세요.

(1) 서로의 차이를 받아들이고 존중하자. (　　　)

(2) 나와 다르다고 차별의 마음을 갖지 말자. (　　　)

(3) 다른 사람의 인권보다는 자신의 인권만 소중하게 생각하자. (　　　)

06 이 글의 내용을 요약했어요. 빈칸에 들어갈 알맞은 말을 보기에서 찾아 쓰세요.

보기

차별　　　사람　　　인권

처음	인권은 ①□□이 사람답게 살기 위해 반드시 누려야 하는 권리이다.
가운데	• 옛날에는 신분에 따른 ②□□이 있었다. • 신분 제도가 없어진 이후에도 여자라는 이유로, 흑인이라는 이유로 차별이 있었다. • 오늘날에도 사람들은 피부색, 성별, 생각이 다르다고, 장애가 있다고 다른 사람을 차별하기도 한다.
끝	모두가 행복한 세상에서 살려면 서로의 차이를 받아들이고, 다른 사람의 ③□□도 중요하다는 생각을 가져야 한다.

① ____________　② ____________　③ ____________

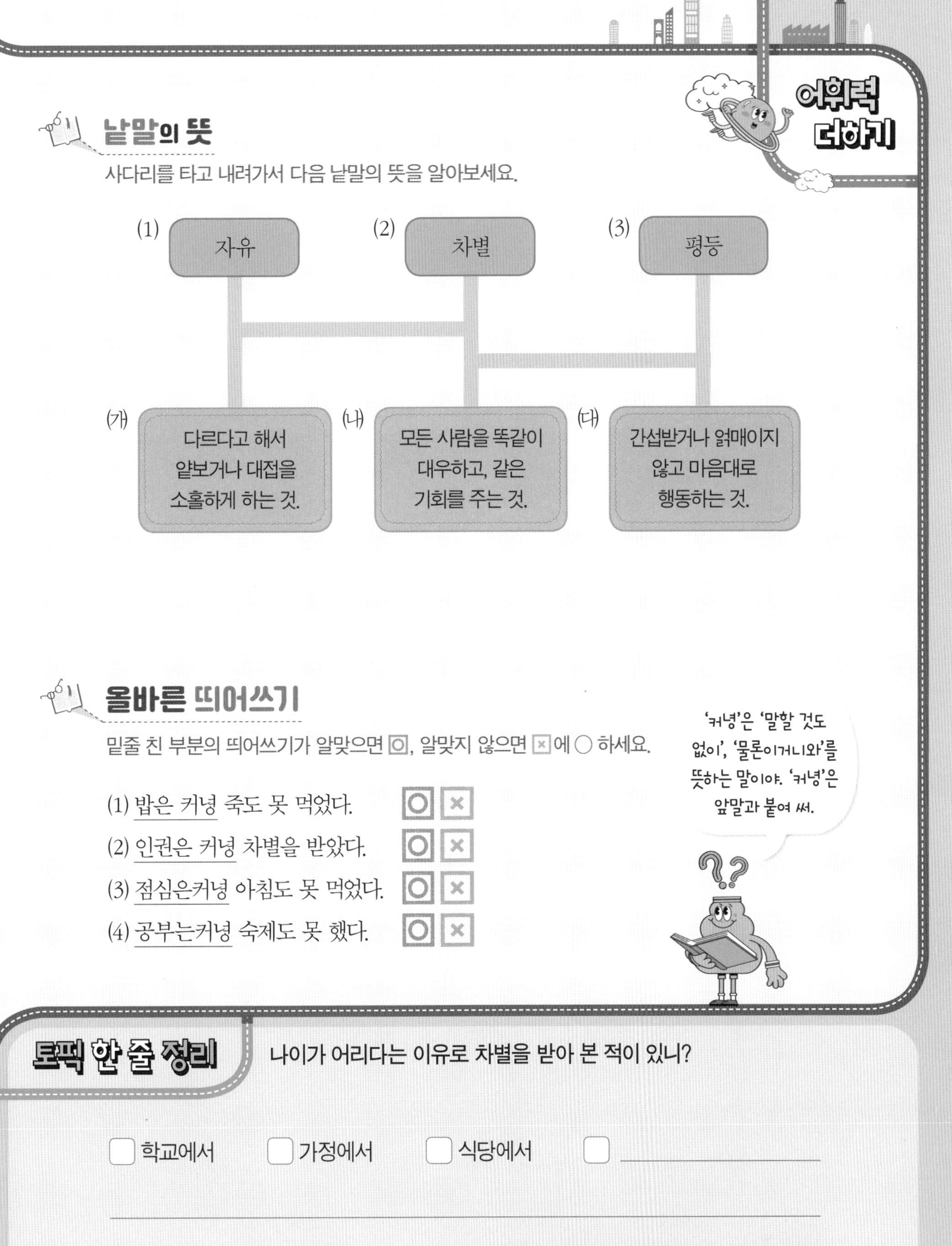

어휘력 더하기

낱말의 뜻

사다리를 타고 내려가서 다음 낱말의 뜻을 알아보세요.

(1) 자유 (2) 차별 (3) 평등

(가) 다르다고 해서 얕보거나 대접을 소홀하게 하는 것.

(나) 모든 사람을 똑같이 대우하고, 같은 기회를 주는 것.

(다) 간섭받거나 얽매이지 않고 마음대로 행동하는 것.

올바른 띄어쓰기

밑줄 친 부분의 띄어쓰기가 알맞으면 ◎, 알맞지 않으면 ⊠에 ○ 하세요.

(1) 밥은 커녕 죽도 못 먹었다. ◎ ⊠

(2) 인권은 커녕 차별을 받았다. ◎ ⊠

(3) 점심은커녕 아침도 못 먹었다. ◎ ⊠

(4) 공부는커녕 숙제도 못 했다. ◎ ⊠

'커녕'은 '말할 것도 없이', '물론이거니와'를 뜻하는 말이야. '커녕'은 앞말과 붙여 써.

토픽 한 줄 정리

나이가 어리다는 이유로 차별을 받아 본 적이 있니?

☐ 학교에서 ☐ 가정에서 ☐ 식당에서 ☐ ________________

____

우리가 보는 만화 영화에 차별이 숨어 있다. 궁금하면 다음 장을 넘겨 봐! >>>>>

만화 영화 속에 숨은 편견

디즈니는 만화 영화를 만드는 회사예요. 이 회사에서 만든 만화 영화는 환상적인 내용으로 세계적으로 사랑받았어요. 하지만 ㉠편견을 가지게 하는 내용이 있다는 이유로 비판을 받기도 했어요. 어떤 점 때문에 비판을 받았을까요?

㉡만화 영화에 나오는 주인공은 대부분 피부가 하얀 백인이었어요. 악당이나 우스꽝스러운 인물들은 대부분 백인이 아니었어요. 주인공으로 나오는 백인의 외모는 멋지고, 능력은 뛰어나지요. 문제없는 것처럼 보이지만 이런 만화 영화를 자주 보면, 자기도 모르게 백인은 다른 인종보다 뛰어나다는 생각을 갖게 될 수 있어요.

여자 주인공은 대부분 착하고 예쁜 모습이었어요. 그리고 남자 주인공이 위험에 빠진 여자 주인공을 구해 주면서 이야기가 끝났지요. 여자 주인공은 스스로의 힘을 키워 문제를 해결하기보다는 착하고 예쁜 모습으로 남자 주인공의 도움을 받아요. 이런 내용을 비판 없이 받아들이면 '여자는 ㉢ 행복해질 수 있구나.', '남자의 능력이 여자보다 뛰어나구나.'라는 편견을 가질 수 있어요.

하지만 최근의 디즈니는 달라졌어요. 백인이 아닌 다른 인종을 주인공으로 내세운 만화 영화들을 내놓았고, ㉣용감한 여성을 주인공으로 한 만화 영화도 속속 선보였어요. 차별과 편견을 극복하자는 주제의 만화 영화도 만들어 사람들의 환영을 받았어요. 이처럼 오늘날의 디즈니는 여러 인종과 여성에 대한 다양한 이야기를 담으려고 노력하고 있어요.

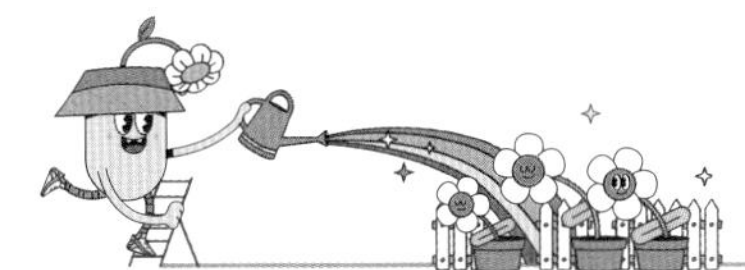

어휘 알기 색칠한 낱말과 초성을 보고 뜻풀이에 알맞은 낱말을 ___에 쓰세요.

ㅎ ㅇ 기쁜 마음으로 반갑게 맞이하는 것. ___

ㅂ ㅍ 잘못을 고쳐 주려고 꼬집어 말하는 것. ___

ㅇ ㅈ 사람을 백인종, 황인종, 흑인종처럼 살색에 따라 나눈 갈래. ___

독해력 기르기

01 이 글에서 글쓴이가 문제라고 생각한 것은 무엇인지 알맞은 말에 ○ 하세요.

디즈니에서 만든 만화 영화에 (편견 , 환상)을 심어 주는 내용이 있었다.

02 이 글에서 ㉠의 예로 든 것을 모두 골라 ○ 하세요.

(1) 주인공은 대부분 백인이었다. ( )

(2) 용감한 여성이 주인공으로 많이 나왔다. ( )

(3) 여자 주인공은 대부분 착하고 예쁜 모습이었다. ( )

03 글쓴이가 생각한 ㉡의 문제점은 무엇인지 빈칸에 알맞은 말을 쓰세요.

[ ][ ]이 다른 인종보다 뛰어나다는 생각을 갖게 된다.

04 ㉢에 들어갈 말로 알맞은 것은 무엇인가요? (　　　)

① 착하고 예뻐야　② 씩씩하고 용감해야　③ 재미있고 활발해야
④ 못되고 예뻐야　⑤ 겸손하고 친절해야

05 ㉣과 관련 있는 경험을 말한 것에 ○ 하세요.

(1) <겨울 왕국>이라는 만화 영화를 보았어. 여자 주인공인 안나와 엘사가 스스로의 힘과 노력으로 어려움을 헤쳐 나가는 내용이야.

(2) <인어 공주>라는 만화 영화를 보았어. 원래 이야기에서는 인어 공주가 죽는데, 이 만화 영화에서는 왕자가 마녀를 죽이고 인어 공주를 구해 줘.

06 이 글의 내용을 요약했어요. 빈칸에 들어갈 알맞은 말을 쓰세요.

처음	①□□□ 만화 영화에는 편견이 담긴 내용도 있어 비판을 받기도 했다.
가운데	• 디즈니 만화 영화의 주인공은 대부분 ②□□이고, 악당은 다른 인종이다. 이런 내용을 자주 보면 백인이 다른 인종보다 뛰어나다는 편견을 가질 수 있다. • 디즈니 만화 영화의 ③□□ 주인공은 대부분 예쁘고 착하며, 남자 주인공이 여자 주인공을 구해 주면서 이야기가 끝난다. 이런 내용을 비판 없이 받아들이면 여자와 남자에 대한 편견을 가질 수 있다.
끝	최근에는 인종이나 여성에 대한 다양한 이야기를 담으며 달라지고 있다.

① ________　② ________　③ ________

낱말의 뜻

빈칸에 들어갈 알맞은 말을 찾아 선으로 이으세요.

(1) 선보이다
어떤 것을 남 앞에 ☐☐ 내보이다. • • ㈎ 힘든

(2) 극복하다
어렵고 ☐☐ 일을 잘 이겨 내다. • • ㈏ 처음

뜻이 비슷한 말

뜻이 나머지와 다른 낱말에 ◯ 하세요.

(1) 변화하다 달라지다 바뀌다 떨어지다

(2) 씩씩하다 용감하다 시원하다 용맹하다

(3) 끝나다 결말나다 마무리되다 계속되다

토픽 한 줄 정리

네가 좋아하는 만화 영화는 어떤지 생각해 봐!

만화 영화의 제목 ____________________

내용 ____________________

편견을 심어 주는 내용 ☐ 있다 ☐ 없다

옛날에도 사람들의 권리를 지켜 주는 제도가 있었대.
그게 뭔지 궁금하면 다음 장을 넘겨 봐! >>>>>

조선, 장애인의 자립을 돕다

조선 시대 때는 장애인을 불쌍히 여기거나 무조건 도와줘야 한다고 생각하지 않았어요. 직업을 가져 스스로 자립하여 살아갈 수 있게 해 주었지요.

조선의 제3대 왕인 태종은 시각 장애인을 위해 '명통시'라는 관청을 만들었어요. 명통시에 속한 시각 장애인은 나라에서 기우제나 제사를 지낼 때 나라가 잘되기를 빌며 경문을 외우는 일을 하고, 쌀이나 베 등을 급여로 받았어요. 국가에서 장애인을 지원하는 관청을 만든 것은 명통시가 세계 최초라고 해요.

장애인이 일할 기회도 다양했어요. '관현맹인'이라고 불리던 시각 장애인은 나라의 관청에 소속되어 궁중 잔치 때 음악을 연주하는 일을 했어요. 나라의 길흉화복을 점치는 일, 불교의 가르침을 외워 읽어 주는 일, 공방에서 물건을 만드는 일 등 여러 일자리가 있었고, 전문적으로 교육도 받았어요. 양반 신분이면 과거를 보아 높은 관직에도 오를 수 있었어요.

장애인을 지원하는 다양한 정책도 있었어요. 직업을 갖기 어렵거나 혼자서 생활하기 어려운 사람에게는 살아갈 집과 돈, 도우미 등을 주었어요. 세금을 거두지 않았고, 부역도 빼 주었지요. 장애인을 잘 보살피면 상을 주고, 괴롭히면 엄한 벌을 내렸어요.

이처럼 조선 시대에는 장애가 있다고 차별받지 않았어요. 각자의 능력에 맞게 일하며 사회의 한 구성원으로 살아갔지요.

어휘 알기 색칠한 낱말과 초성을 보고 뜻풀이에 알맞은 낱말을 ___에 쓰세요.

ㅂ	ㅇ	나라나 관청에서 강제로 시키는 노동.	________
ㅈ	ㄹ	자기 일을 남의 도움 없이 스스로 해 나가는 것.	________
ㅈ	ㅊ	정치를 잘하거나 사회 문제를 해결하려고 내놓는 방법.	________

독해력 기르기

01 조선 시대 때 장애인을 대한 태도로 알맞은 것에 ○ 하세요.

(1) 장애가 있기 때문에 무조건 돌봐 주고 보호해 줬다. (　　)

(2) 장애가 있더라도 자립이 가능하면 능력껏 일하며 살아갈 수 있게 했다. (　　)

02 '명통시'에 대한 설명으로 알맞지 않은 것은 무엇인가요? (　　)

① 조선 시대 때 세종이 만들었다.

② 시각 장애인을 지원하기 위해 만든 관청이다.

③ 시각 장애인은 나라가 잘되기를 빌며 경문을 외우는 일을 했다.

④ 일을 한 대가로 시각 장애인에게 쌀이나 베 등을 급여로 주었다.

⑤ 국가에서 장애인을 지원하는 관청을 만든 것은 명통시가 세계 최초이다.

03 이 글의 내용을 바르게 이해하지 못한 친구의 이름을 쓰세요. (　　)

지원: 조선 시대에는 장애인이 일할 다양한 직업이 있었어.
민영: 조선 시대에는 국가가 나서서 장애인을 지원해 주지 않았어.
하민: 조선 시대에는 장애인을 지원하기 위한 다양한 정책이 있었어.

해답·해설 105쪽

04 다음 신문 기사와 이 글에 공통적으로 나타난 장애인에 대한 생각으로 알맞은 것에 ○ 하세요.

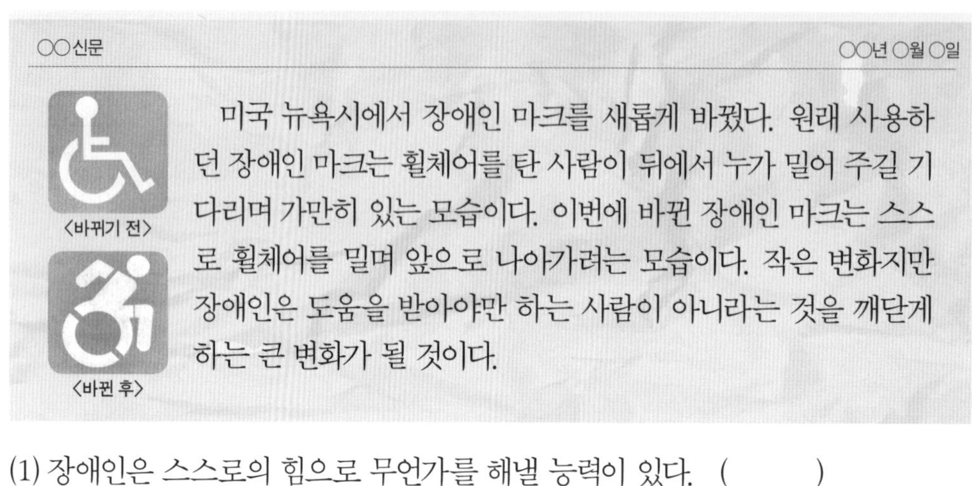

○○신문 ○○년 ○월 ○일

〈바뀌기 전〉

〈바뀐 후〉

미국 뉴욕시에서 장애인 마크를 새롭게 바꿨다. 원래 사용하던 장애인 마크는 휠체어를 탄 사람이 뒤에서 누가 밀어 주길 기다리며 가만히 있는 모습이다. 이번에 바뀐 장애인 마크는 스스로 휠체어를 밀며 앞으로 나아가려는 모습이다. 작은 변화지만 장애인은 도움을 받아야만 하는 사람이 아니라는 것을 깨닫게 하는 큰 변화가 될 것이다.

(1) 장애인은 스스로의 힘으로 무언가를 해낼 능력이 있다. (　　　)

(2) 장애인은 누군가 도와주지 않으면 아무것도 할 수 없다. (　　　)

05 이 글의 내용을 요약했어요. 빈칸에 들어갈 알맞은 말을 쓰세요.

처음	조선 시대 때는 장애인이 ①□□을 가져 스스로 자립하도록 도왔다.
가운데	• ②□□□는 시각 장애인을 지원하기 위해 만든 관청이다. 국가에서 장애인을 지원하는 관청을 만든 것은 명통시가 세계 최초이다. • 장애인이 일할 기회가 다양했고, 양반 신분이면 높은 관직에도 올랐다. • 다양한 정책으로 도움이 필요한 장애인을 지원해 주었다.
끝	조선 시대에는 ③□□□도 각자의 능력에 맞게 일하며 사회의 한 구성원으로 살아갔다.

① ____________ ② ____________ ③ ____________

어휘력 더하기

뜻을 더하는 말

빈칸에 알맞은 말을 쓰세요.

원시 / 한국 / 미국 / 장애 / 외계 + **-인**

어떤 낱말 뒤에 붙어 '사람'의 뜻을 더한다.

□□인	□□인	□□인
지구 말고 다른 별에 산다고 여겨지는 사람과 비슷한 존재.	몸 또는 몸의 일부에 장애가 있어서 생활을 하는 데 불편이 있는 사람.	대한민국 국적을 가졌거나 한민족의 핏줄을 가진 사람.

한자 성어

글자를 모아 한자 성어를 완성하세요.

길	복
길할 **길**(吉)	복 **복**(福)
흉	**화**
흉할 **흉**(凶)	재앙 **화**(禍)

□□□□

뜻 살면서 겪는 좋은 일과 나쁜 일.

예 앞날의 ○○○○을 알면 얼마나 좋을까?

토픽 한 줄 정리

조선 시대 장애인 정책 중 가장 좋았던 것은?

□ 자립 정책 □ 복지 정책

왜냐하면 ____________________

노동자의 권리를 위해 애쓴 인물이 있어. 누군지 궁금하면 다음 장을 넘겨 봐! >>>>>

노동자의 권리를 찾은 전태일

전태일은 열일곱 살에 평화 시장의 옷 만드는 공장에서 일했어. 그곳 노동자들은 대부분 가난해서 학교에 가지 못한 소녀들이었지. 어린 노동자들은 햇빛도 안 드는 먼지투성이 골방에서 쉬는 날도 없이 하루 15시간 넘게 일했어. 잠도 서너 시간밖에 자지 못했고, 매우 좁은 곳에서 허리도 펴지 못한 채 일해야 했어. 그런데도 월급이 너무 적어 점심을 굶는 사람이 많았어.

어느 날, 전태일은 노동자의 기본적인 권리를 정한 '근로 기준법'이 있다는 것을 알게 됐어. 하루에 8시간 일하고, 일주일에 한 번은 쉬어야 하고, 건강 검진도 받게 해야 한다는 내용이었지. 노동자의 권리를 보장해 주는 법이 있다고 생각하니 가슴이 뛰었어.

㉠'법에서 정한 노동자의 권리를 찾아 사람답게 살아야 해. 근로 기준법이 우리를 보호해 줄 거야.'

전태일은 어린 노동자들과 근로 기준법을 공부하는 '바보회'를 만들었어. 전태일은 노동청에도 찾아가고, 방송국에도 찾아갔어. 하지만 아무도 그들의 이야기에 귀 기울이지 않았어. 그때 한 기자가 평화 시장 노동자의 사정을 알리는 기사를 실어 주겠다고 했어. 며칠 뒤 '골방에서 하루 16시간 노동'이라는 제목의 기사가 신문에 났어.

"우리 이야기가 신문에 나다니, 이제 우리도 8시간만 일할 수 있을까요?"

"일요일에 쉬었으면 좋겠어요."

전태일과 어린 노동자들은 희망을 가졌어. 하지만 사람들은 금세 이들을 잊었지.

"근로 기준법을 지켜라! 우리는 기계가 아니다!"

전태일은 세상을 떠났지만, 전태일의 노력과 희생으로 노동자들은 좀 더 나은 환경에서 일할 수 있게 되었단다.

어휘 알기 **색칠한 낱말과 초성을 보고 뜻풀이에 알맞은 낱말을 ___에 쓰세요.**

ㄱ ㅂ 큰방의 뒤쪽에 딸린 작은방. ______

ㄱ ㅈ 기계를 가지고 물건을 한꺼번에 많이 만들어 내는 곳. ______

ㄴ ㄷ ㅈ 일을 하고 얻은 임금으로 생활을 하는 사람. ______

독해력 기르기

01 이 글에 대한 설명으로 알맞은 것에 ○ 하세요.

(1) 노동자가 일하는 환경이 얼마나 나쁜지 사람들에게 알리는 글이다. ( )

(2) 전태일이라는 인물이 노동자의 권리를 찾기 위해 노력한 실제 이야기를 바탕으로 쓴 글이다. ( )

02 전태일에 대한 설명으로 알맞지 않은 것에 × 하세요.

(1) 열일곱 살에 평화 시장의 옷 만드는 공장에서 일했다. ( )

(2) 오랜 시간 힘들게 일하는 것을 당연하게 생각했다. ( )

(3) 바보회를 만들어 어린 노동자들과 근로 기준법을 공부했다. ( )

03 어린 노동자들이 일했던 당시의 모습과 거리가 먼 것은 무엇인가요? ( )

① 월급이 매우 적어 점심도 사 먹기 힘들었다.

② 일주일에 6일을 일하고, 일요일 하루만 쉬었다.

③ 햇빛도 안 드는 먼지투성이 골방에서 일했다.

④ 매우 좁은 곳에서 허리도 펴지 못한 채 일했다.

⑤ 하루에 15시간을 넘게 일해서 잠이 많이 부족했다.

04 전태일이 생각한 ㉠이 무엇인지 알맞게 말한 친구에 모두 ○ 하세요.

(1) 법에서 정한 시간만큼만 일하고, 나머지 시간은 쉴 권리야.

(2) 건강하고 안전하게 일할 권리야.

(3) 회사의 잘못을 당당하게 말할 수 있는 권리야.

05 전태일을 평가한 내용으로 알맞지 않은 말을 하는 친구의 이름을 쓰세요.

( )

남일: 전태일의 희생으로 사람들은 근로 기준법의 중요성을 알게 되었어.
태영: 전태일의 노력으로 노동자들이 일하는 환경이 좋아질 수 있었어.
혜린: 전태일은 법을 만들어 노동자의 권리를 사람들에게 알렸어.

06 이 글의 내용을 요약했어요. 빈칸에 들어갈 알맞은 말을 쓰세요.

①□□□은 열일곱 살에 평화 시장의 옷 만드는 ②□□에서 일했다. 이곳에서 일하는 어린 노동자들은 적은 월급을 받으며 힘들게 일했다. 전태일은 근로 기준법을 알게 되었고, 동료들과 함께 ③□□□를 만들어 노동자의 권리를 공부했다. 하지만 사람들은 전태일과 어린 노동자들의 이야기에 귀 기울이지 않았다. 전태일은 노동자의 힘든 사정을 알리다 세상을 떠났지만 그의 노력과 희생으로 노동자들은 나아진 환경에서 일하게 되었다.

① ________ ② ________ ③ ________

낱말의 반대말

글자를 모아 낱말의 반대말을 빈칸에 쓰세요.

소 쉬 년 깨

소녀 아직 완전히 성숙하지 아니한 어린 여자아이.	일하다 어떤 목적을 이루려고 몸을 움직이거나 머리를 쓰다.	자다 눈을 감은 채 움직임을 멈추고 쉬다.
⇕	⇕	⇕
☐☐ 아직 완전히 성숙하지 아니한 어린 남자아이.	☐다 피로를 풀려고 몸을 편안히 두다.	☐다 잠, 꿈 따위에서 벗어나 정신이 맑아지다.

뜻이 여러 개인 말

밑줄 친 낱말이 어떤 뜻으로 쓰였는지 번호를 쓰세요.

① 짐을 운반 도구나 탈것에 놓다.

② 글, 그림, 사진 들을 책이나 신문에 넣다.

(1) 자전거에 짐을 싣고 달렸다. (　　)

(2) 기자가 신문에 기사를 실어 주었다. (　　)

'싣다'가 '실어', '실으니'와 같이 쓰일 때에는 '싣'의 'ㄷ' 받침이 'ㄹ'로 바뀌어.

토픽 한 줄 정리

전태일에게 하고 싶은 말은?

전태일 님! ______________________________

____

1일 잠의 요정, 올레

11-13쪽

어휘 알기

후식, 풍기다, 매만지다

독해력 기르기

01 꿈
02 (1)-㈎ (2)-㈏
03 (3) ○
04 영진
05 ① 올레 ② 마루 ③ 완두콩

어휘력 더하기

낱말의 뜻 (1)-㈏ (2)-㈎
관용 표현 발 들여놓을 자리 하나 없다

| 독해력 기르기 |

01 이 이야기에 나오는 잠의 요정 올레는 아이들에게 꿈을 선물합니다.

02 잠의 요정 올레는 착한 아이에게는 무지개 우산을 펼쳐 아름다운 꿈을 꾸게 하고, 심술쟁이에게는 검정 우산을 펼쳐 꿈 없는 깊은 잠을 자게 합니다.

03 (1)은 얄마르가 생쥐를 따라 결혼식장으로 가는 복도를 걷는 모습이고, (2)는 얄마르가 결혼식에서 후식으로 완두콩을 먹는 모습이고, (3)은 잠의 요정 올레가 얄마르에게 무지개 우산을 펼치는 모습입니다. 따라서 가장 먼저 일어난 일은 (3)입니다.

04 심술쟁이는 꿈을 꾸지 않고 깊은 잠에 빠진다고 했고, 이야기에서도 얄마르가 침대에 누워 멋진 결혼식이었다고 말하는 내용으로 보아 올레가 얄마르에게 아름다운 꿈을 선물한 것으로 보아야 합니다. 따라서 서우는 글의 내용을 잘못 이해한 것입니다.

05 일이 일어난 차례에 따라 글의 내용을 요약해 봅니다.

| 어휘력 더하기 |

낱말의 뜻 '속닥거리다'는 남이 알아듣지 못하게 소곤소곤 말한다는 뜻이고, '펼치다'는 접히거나 개킨 것을 널찍하게 편다는 뜻입니다.

관용 표현 '발 디딜 틈이 없다'는 '사람이 매우 많이 모여서 성황이다.'라는 뜻입니다. 이 관용 표현과 바꾸어 쓸 수 있는 것은 '발 들여놓을 자리 하나 없다'입니다.

2일 잠자는 몸, 꿈꾸는 뇌

15-17쪽

어휘 알기

정보, 기억, 받아들이다

독해력 기르기

01 정리
02 (1)-㈏ (2)-㈎ (3)-㈐
03 (2) ×
04 (2) ○
05 ① 뇌 ② 얕은 ③ 잠

어휘력 더하기

성질이나 상태를 나타내는 말 (1)-㈏ (2)-㈐ (3)-㈎
모양이 같은 말 (1)-㈐ (2)-㈏ (3)-㈎

| 독해력 기르기 |

01 잠을 자는 동안 뇌는 깨어 있을 때 받아들인 정보를 정리하여, 필요 없는 정보는 지우고, 오래 기억해야 할 정보는 따로 저장한다고 했습니다.

02 ㉮ 문단에는 뇌가 정보를 정리하는 과정에서 꿈을 꾼다는 내용이, ㉯ 문단에는 잠의 종류에 따라서 꿈이 기억나거나 기억나지 않는다는 내용이, ㉰ 문단에는 잘 자야 더 똑똑한 상태를 유지할 수 있다는 내용이 나옵니다.

03 잠을 잘 자는 것과 꿈의 내용은 관련이 없습니다. 따라서 (2)는 알맞지 않은 내용입니다.

04 우리는 얕은 잠과 깊은 잠을 오가며 잠을 잡니다. 얕은 잠만 잘 수 있도록 조정할 수 없으므로 (1)은 글의 내용을 바르게 이해하지 못하고 한 말입니다.

05 잠과 꿈의 관계를 중심으로 글의 내용을 요약해 봅니다.

| 어휘력 더하기 |

성질이나 상태를 나타내는 말 (1)은 연필이 한 자루 부족한 그림이므로 '부족하다', (2)는 두 사람이 먹기에 빵이 충분히 많은 그림이므로 '충분하다', (3)은 피곤해 보이는 아이가 의자에 앉아 있으므로 '피곤하다'가 알맞습니다.

모양이 같은 말 (1)의 '쉬다'는 음식이 상하여 맛이 시큼하게 변한다는 뜻이고, (2)의 '쉬다'는 공기를 들이마시고, 내쉬기를 거듭한다는 뜻이고, (3)의 '쉬다'는 몸의 피로를 풀거나 없앤다는 뜻입니다.

3일 멸치의 꿈 19-21쪽

어휘 알기

꿈풀이, 진기하다, 본체만체하다

독해력 기르기

01 ③

02 (1) × (2) ○ (3) ○

03 ④

04 (1)-(나) (2)-(가)　05 (1) ×

06 ① 꿈풀이 ② 용 ③ 뺨

어휘력 더하기

뜻이 비슷한 말 우쭐댔다, 굽었다, 기울었다, 불러왔다

꾸며 주는 말 (1) 절대로 (2) 한껏 (3) 넙죽

| 독해력 기르기 |

01 칠백 년이나 남쪽 바다에 살고 있고, 이상한 꿈을 꾸어서 꿈풀이를 알고 싶어 한 인물은 '멸치'입니다.

02 멸치는 꿈풀이를 잘하는 망둑어에게 자신이 꾼 꿈이 무슨 뜻인지 물어보았습니다. 따라서 알맞지 않은 내용은 (1)입니다.

03 멸치는 망둑어만 챙기고 망둑어를 데려온 가자미는 본체만체했습니다. 그래서 가자미는 멸치에게 서운하고 화나고 속상하고 못마땅했을 것입니다.

04 가자미는 멸치의 꿈이 낚싯줄에 걸려 불에 구워질 꿈이라고 했고, 망둑어는 용이 되어 날씨를 다스리게 될 꿈이라고 했습니다.

05 멸치가 가자미의 뺨을 때리자, 가자미의 눈이 한쪽으로 쏠렸습니다. 이 모습을 보고 놀란 망둑어는 눈이 튀어나오고, 새우는 웃다가 등이 휘고, 메기는 입이 쫙 찢어졌습니다.

06 일이 일어난 차례에 따라 글의 내용을 요약해 봅니다.

| 어휘력 더하기 |

뜻이 비슷한 말 '으스댔다'와 '우쭐댔다'는 잘난 듯이 뽐낸다는 뜻이 있고, '휘었다'와 '굽었다'는 물체가 구부러진다는 뜻이 있고, '쏠렸다'와 '기울었다'는 한쪽으로 몰린다는 뜻이 있고, '데려왔다'와 '불러왔다'는 오게 한다는 뜻이 있습니다.

꾸며 주는 말 (1)은 어떤 경우에도 나쁜 일을 해서는 안 된다는 내용이므로 '절대로'가 알맞고, (2)는 고개를 할 수 있는 데까지 뒤로 젖혔다는 내용이므로 '한껏'이 알맞고, (3)은 바닥에 엎드려 절을 했다는 내용이므로 '넙죽'이 알맞습니다.

4일 동물도 꿈을 꾼대요 23-25쪽

어휘 알기

수화, 연구, 들려주다

독해력 기르기

01 비슷한

02 ④　03 ③

04 (1) × (2) × (3) ○　05 (1) ○

06 ① 뇌파 ② 꿈

어휘력 더하기

움직임을 나타내는 말 (1) 빠져나가다 (2) 사냥하다 (3) 비교하다

모양이 같은 말 (1)-(다) (2)-(나) (3)-(가)

| 독해력 기르기 |

01 이 글에서 과학자들은 사람이 꿈꿀 때 나오는 뇌파와 비슷한 뇌파가 동물이 잘 때도 나타난다는 이유로 동물들도 꿈을 꾼다고 주장했습니다.

02 이 글에 나오지 않는 동물은 악어입니다.

03 앞 문장에서 동물이 어떤 꿈을 꾸는지 정확히 알 수는 없지만 연구와 실험을 통해 ㉡이 꿈을 꾼다는 것을 밝혔다는 내용이 나옵니다. 따라서 ㉡에는 '동물'이 들어가야 글이 자연스럽게 연결됩니다.

04 이 글에서 과학자들은 포유류와 몇몇 조류가 꿈을 꾼다고 밝혔습니다. 또 개와 고양이가 자다가 몸을 떨거나 다리를 휘젓는다고 했으므로, (1)과 (2)는 알맞지 않은 내용입니다.

05 동물들이 정확히 어떤 꿈을 꾸는지 알 수 없습니다. 따라서 동물들이 실제 세상에서 겪기 힘든 꿈을 꾸어서 동물들의 상상력이 뛰어나다고 말한 (2)는 이 글의 내용을 잘못 이해한 것입니다.

06 동물들의 꿈을 중심으로 글의 내용을 요약해 봅니다.

| 어휘력 더하기 |

움직임을 나타내는 말 (1)은 쥐가 미로에서 빠져나가는 그림이므로 '빠져나가다', (2)는 호랑이가 사슴을 쫓는 그림이므로 '사냥하다', (3)은 두 뇌파를 비교하는 그림이므로 '비교하다'가 알맞습니다.

모양이 같은 말 (1)의 '깨다'는 새끼가 알에서 생겨난다는 뜻이고, (2)의 '깨다'는 단단한 물체를 쳐서 조각이 나게 한다는 뜻이고, (3)의 '깨다'는 잠 따위에서 벗어나 정신을 되찾는다는 뜻입니다.

5일 꿈이 알려 주는 것

27-29쪽

어휘 알기

가능성, 실마리, 창조하다, 불안하다

독해력 기르기

01 (1) ○ (2) ○ (3) ×

02 (1)-(다) (2)-(가) (3)-(나)

03 나 04 (1) ○

05 ① 소원 ② 마음 ③ 악몽

어휘력 더하기

이름을 나타내는 말 (1) 악몽 (2) 길몽 (3) 태몽

어울려 쓰는 말 (1) 떠오르다, 떠올리다 (2) 떠올리다, 떠오르다

| 독해력 기르기 |

01 꿈은 사람의 소원을 보여 주거나 마음 상태를 나타내고, 꿈을 통해 문제를 해결할 실마리나 뜻밖의 좋은 아이디어를 얻는다는 내용이 있으므로 (1)과 (2)는 알맞고, (3)은 알맞지 않습니다.

02 작가 '셸리'는 꿈에서 본 내용을 바탕으로 『프랑켄슈타인』이라는 책을 쓰고, 화가 '달리'는 꿈에서 본 장면을 그려 '초현실주의'라는 영역을 창조했고, 박사 '프로이트'는 꿈의 의미를 알아내려고 오랫동안 꿈을 연구했습니다.

03 이순신 장군은 꿈속에서 거북이 불을 뿜으며 공격하는 것을 보고 거북선을 만들었다고 합니다. 꿈에서 뜻밖의 좋은 아이디어를 얻은 것이므로 이 글과 관련 있는 문단은 나 문단입니다.

04 악몽은 무서운 일들을 꿈에서 미리 겪어 보게 하는 역할을 합니다. 하지만 일부러 악몽을 꾸려고 노력할 이유는 없고, 노력한다고 악몽을 꿀 수도 없으므로 (2)는 이 글의 내용을 잘못 이해한 것입니다.

05 꿈에 대한 설명을 중심으로 글의 내용을 요약해 봅니다.

| 어휘력 더하기 |

이름을 나타내는 말 무섭거나 기분 나쁜 꿈은 '악몽'이고, 좋은 일이 있을 것 같은 느낌이 드는 꿈은 '길몽'이고, 아이를 밸 것이라고 알려 주는 꿈은 '태몽'입니다.

어울려 쓰는 말 '떠오르다'는 '이, 가'가 붙은 말 뒤에 쓰고, '떠올리다'는 '을, 를'이 붙은 말 뒤에 씁니다.

1일 농사의 신 자청비

33-35쪽

어휘 알기

허락, 망설임, 그리워지다

독해력 기르기

01 아들, 글공부

02 (1)-(나) (2)-(가) (3)-(다)

03 (2) ○

04 (3) ○

05 ① 자청비 ② 씨앗 ③ 농사

어휘력 더하기

색깔을 나타내는 말 (1) 검붉다 (3) 새빨갛다

합쳐진 말 (1) 글+공부 (2) 칼+날 (3) 숯+불

| 독해력 기르기 |

01 자청비는 주천강에서 하늘 나라 문선왕의 아들인 문 도령을 만났습니다. 문 도령은 글공부를 하러 가는 길이었습니다.

02 자청비는 주천강에서 만난 문 도령이 마음에 들어 남동생인 척하고 글공부를 하러 가는 문 도령을 따라갔습니다. 자청비는 하늘 나라에 간 문 도령이 돌아오지 않자, 마냥 기다리지 않고 문 도령을 찾아 나섰고, 하늘 나라 문선왕이 혼인을 위한 시험을 내자 망설임 없이 칼날 위를 걸어 시험에 통과했습니다.

03 자청비는 농사의 신이 되어 씨앗이 잘 자라 풍년이 들게 돌보았습니다.

04 자청비는 하늘 나라 곡식 씨앗을 인간 세상에 가져와 풍년이 들게 돌보는 일을 했습니다. 따라서 (3)은 글을 잘못 이해하고 한 말입니다.

05 일이 일어난 차례에 따라 글의 내용을 요약해 봅니다.

| 어휘력 더하기 |

색깔을 나타내는 말 (1)은 검은빛을 띠면서 붉으므로 '검붉다'가 알맞고, (3)은 매우 빨간색이므로 '새빨갛다'가 알맞습니다.

합쳐진 말 '글공부'는 '글'과 '공부'가 합쳐진 말이고, '칼날'은 '칼'과 '날'이 합쳐진 말이고, '숯불'은 '숯'과 '불'이 합쳐진 말입니다.

2일 고추 매운맛의 비밀

37-39쪽

어휘 알기

소화, 온전히, 포유동물

독해력 기르기

01 고추
02 (1)-(나) (2)-(가) 03 캡사이신
04 (2) ○ 05 (2) ○
06 ① 고추 ② 포유동물 ③ 씨앗

어휘력 더하기

뜻이 비슷한 말 (1) 달착지근하다 (2) 매콤하다 (3) 싸다 (4) 좋아하다
올바른 표기 (1) ○ (2) ○

| 독해력 기르기 |

01 이 글은 고추가 매운맛을 내는 까닭은 무엇인지 설명하는 글입니다.
02 포유동물은 고추의 매운맛을 느끼지만, 새는 고추의 매운맛을 느끼지 못합니다.
03 캡사이신은 고추의 매운맛을 내는 성분으로, 고추의 씨앗에 가장 많이 들어 있고, 껍질에도 조금 있습니다.
04 새는 먹이를 통째로 삼키기 때문에 씨앗이 온전히 똥으로 나와 씨앗의 싹을 잘 틔울 수 있습니다. 따라서 ㉠의 답으로 알맞은 것은 (2)입니다.
05 고추는 부드러운 씨앗을 온전히 잘 지켜 널리 퍼뜨리기 위해서 새만 잘 먹을 수 있게 매운맛을 내는 영리한 방법을 선택한 것입니다. 따라서 (2)가 한 말은 알맞지 않습니다.
06 고추가 매운맛을 내는 이유를 중심으로 글의 내용을 요약해 봅니다.

| 어휘력 더하기 |

뜻이 비슷한 말 '달콤하다'와 '달착지근하다'는 맛이 달다는 뜻이 있고, '맵다'와 '매콤하다'는 고추와 겨자와 같이 맛이 알알하다는 뜻이 있고, '누다'와 '싸다'는 배설물을 몸 밖으로 내보낸다는 뜻이 있고, '즐기다'와 '좋아하다'는 즐겁게 누린다는 뜻이 있습니다.
올바른 표기 '통째'를 '통채'로 잘못 쓰지 않도록 주의해야 합니다. 따라서 (3)과 (4)의 '통채'는 '통째'로 고쳐 써야 합니다.

3일 붉은 암탉과 밀알

41-43쪽

어휘 알기

밀알, 맷돌, 잡초

독해력 기르기

01 밀알
02 ②
03 (1)-(나) (2)-(다) (3)-(가)
04 ④ 05 미진
06 ① 밀알 ② 빵 ③ 혼자

어휘력 더하기

움직임을 나타내는 말 (1)-(가) (2)-(다) (3)-(나)
올바른 표기 (1) 멋쩍은 (2) 멋쩍었다 (3) 멋쩍게

| 독해력 기르기 |

01 어느 봄날, 붉은 암탉은 마당에서 밀알 몇 개를 주웠습니다.
02 붉은 암탉이 밀알을 함께 심자고 하자 세 친구는 귀찮다며 거절했습니다. 따라서 귀찮은 일을 하는 암탉을 좋게 보지 않았을 것으로 짐작할 수 있습니다.
03 붉은 암탉은 봄에는 밀알을 심고, 여름에는 잡초를 뽑고, 가을에는 누렇게 익은 밀을 베었습니다.
04 세 친구는 붉은 암탉이 일을 함께 하자고 할 때마다 귀찮다고 하면서 거절하거나 자는 척하면서 실눈을 뜨고 몰래 암탉이 일하는 것을 보거나 바쁘다며 집에서 나가 버렸습니다.
05 세 친구는 게으름을 피우며 아예 일을 하지 않았습니다. 따라서 책임감 없이 일했기 때문에 빵을 먹지 못한 거라고 한 도현이는 이 글의 내용을 잘못 이해했습니다.
06 일이 일어난 차례에 따라 글의 내용을 요약해 봅니다.

| 어휘력 더하기 |

움직임을 나타내는 말 (1)은 붉은 암탉이 씨앗을 심는 그림이므로 '심다', (2)는 붉은 암탉이 잡초를 뽑는 그림이므로 '뽑다', (3)은 붉은 암탉이 밀을 베는 그림이므로 '베다'가 알맞습니다.
올바른 표기 '멋쩍다'를 '멋적다'로 잘못 쓰지 않도록 주의해야 합니다. 따라서 (1)은 '멋쩍은', (2)는 '멋쩍었다', (3)은 '멋쩍게'가 알맞습니다.

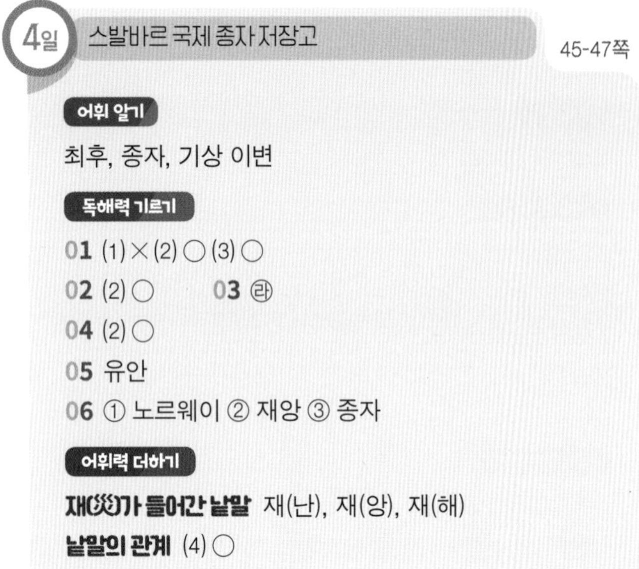

4일 스발바르 국제 종자 저장고 45-47쪽

어휘 알기

최후, 종자, 기상 이변

독해력 기르기

01 (1) × (2) ○ (3) ○

02 (2) ○ 03 ㉣

04 (2) ○

05 유안

06 ① 노르웨이 ② 재앙 ③ 종자

어휘력 더하기

재(災)가 들어간 낱말 재(난), 재(앙), 재(해)

낱말의 관계 (4) ○

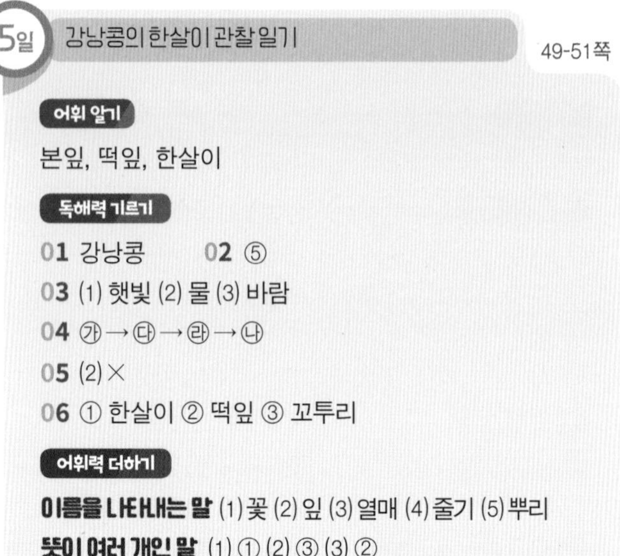

5일 강낭콩의 한살이 관찰 일기 49-51쪽

어휘 알기

본잎, 떡잎, 한살이

독해력 기르기

01 강낭콩 02 ⑤

03 (1) 햇빛 (2) 물 (3) 바람

04 ㉮→㉰→㉱→㉯

05 (2) ×

06 ① 한살이 ② 떡잎 ③ 꼬투리

어휘력 더하기

이름을 나타내는 말 (1) 꽃 (2) 잎 (3) 열매 (4) 줄기 (5) 뿌리

뜻이 여러 개인 말 (1) ① (2) ③ (3) ②

| 독해력 기르기 |

01 스발바르 국제 종자 저장고는 노르웨이에 위치해 있습니다.

02 지구 최후의 날은 지구에 심각한 재해나 기상 이변, 핵전쟁 같은 재앙이 생긴 때를 뜻하는 말입니다. 따라서 ㉠이 뜻하는 것으로 알맞은 것은 (2)입니다.

03 ㉡은 스발바르 국제 종자 저장고가 어떤 재앙에도 견딜 수 있게 지었다는 문장입니다. 따라서 수백만 종의 종자를 보관할 수 있게 넓게 지었다는 ㉣의 내용은 ㉡과 관련이 없는 내용입니다.

04 '식물이 없으면 사람도 동물도 살 수 없기 때문에'라는 문장 다음에 오는 말이므로 '종자를 지키는 일은 매우 중요해요.'라는 문장이 이어져야 자연스럽습니다.

05 이 글에 나라마다 종자를 개발하는 데 힘을 쏟는다는 내용은 나오지 않으므로 유안이는 글을 잘못 이해하고 말한 것입니다.

06 스발바르 국제 종자 저장고에 대한 설명을 중심으로 글의 내용을 요약해 봅니다.

| 어휘력 더하기 |

재(災)가 들어간 낱말 '재앙 재(災)' 자는 뜻밖에 일어난 나쁜 일과 관련된 낱말에 사용합니다. '재난', '재앙', '재해'의 뜻을 익혀 봅니다.

낱말의 관계 '보관하다'와 '간직하다', '사라지다'와 '없어지다', '생기다'와 '일어나다'는 뜻이 서로 비슷한 말이고, '얼다'와 '녹다'는 뜻이 서로 반대되는 말입니다.

| 독해력 기르기 |

01 이 글은 강낭콩의 한살이를 관찰하여 쓴 관찰 일기입니다.

02 떡잎은 두 장이고, 떡잎이 나온 뒤에 본잎이 이어서 나옵니다.

03 강낭콩을 심은 뒤, 잘 드는 곳에 두었다는 것으로 보아 ㉠은 '햇빛'이고, 규칙적으로 주었다는 것으로 보아 ㉡은 '물'이고, 창문을 열어 잘 통하게 하였다는 것으로 보아 ㉢은 '바람'이라는 것을 짐작할 수 있습니다.

04 ㉮는 떡잎, ㉯는 꼬투리, ㉰는 본잎, ㉱는 꽃 사진입니다. 따라서 강낭콩이 자라는 순서는 ㉮→㉰→㉱→㉯입니다.

05 강낭콩의 한살이를 관찰 일기로 쓸 때 화분의 크기를 관찰하지는 않습니다.

06 관찰 주제와 관찰 내용을 중심으로 글의 내용을 요약해 봅니다.

| 어휘력 더하기 |

이름을 나타내는 말 '꽃'은 꽃받침과 꽃잎으로 이루어져 있고, '잎'은 줄기의 끝이나 둘레에 붙어 있고, '열매'는 꽃이 진 자리에 맺히는 것으로 안에는 거의 씨가 들어 있고, '줄기'는 식물을 받치는 중심이 되는 부분이고, '뿌리'는 땅속으로 뻗어 식물을 받치고 있는 부분입니다. 강낭콩의 모습을 보고, 그림에 알맞게 각 낱말을 구분해 써 봅니다.

뜻이 여러 개인 말 (1)은 어떤 이야기나 사건의 실마리라는 의미에 적합하므로 ①의 뜻으로 쓰였고, (2)는 콩과 식물의 씨앗을 싸고 있는 껍질이라는 의미에 적합하므로 ③의 뜻으로 쓰였고, (3)은 남을 해코지하거나 헐뜯을 만한 거리라는 의미에 적합하므로 ②의 뜻으로 쓰였습니다.

1일 행복한 왜자

55-57쪽

어휘 알기

잿빛, 흉하다, 사파이어

독해력 기르기

01 도시
02 ④
03 심장, 제비
04 (2) ○ 05 (1) ○
06 ① 왕자 ② 제비 ③ 심장

어휘력 더하기

모양이 같은 말 (1)-㈏ (2)-㈎ (3)-㈐
뜻이 여러 개인 말 (1) ② (2) ① (3) ③

2일 트레버의 담요

59-61쪽

어휘 알기

보람, 노숙자, 캠페인, 자원봉사자

독해력 기르기

01 (1) ○ 02 (1)-㈏ (2)-㈎
03 (3) ○ 04 (1) ○
05 ① 트레버 ② 담요 ③ 노숙자

어휘력 더하기

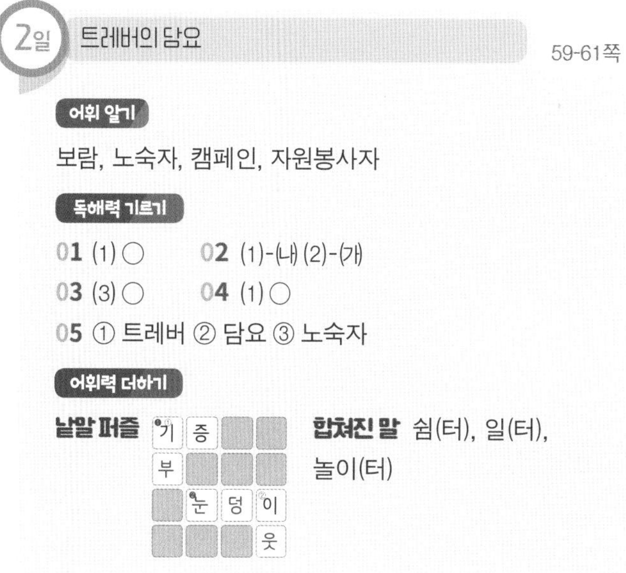

낱말 퍼즐

기	증			
부				
	눈	덩	이	
			웃	

합쳐진 말 쉼(터), 일(터), 놀이(터)

1일

| 독해력 기르기 |

01 이 글은 어느 도시에 있는 행복한 왕자 동상과 제비가 자신을 희생하여 이웃을 돕는 이야기입니다.

02 제비는 행복한 왕자의 몸이 잿빛이 되어 갈 때까지 왕자 곁에서 있다가 추위에 얼어 죽었으므로 ④는 알맞지 않습니다.

03 천사가 세상에서 가장 아름다운 것 두 가지로 가져간 것은 행복한 왕자의 깨진 심장과 제비입니다.

04 제비는 행복한 왕자의 부탁으로 어려운 이웃을 도우며 나눔의 기쁨과 행복을 깨닫게 됩니다.

05 행복한 왕자는 화려한 보석들을 아낌없이 떼어 내 어려운 이웃을 돕고, 제비는 남쪽으로 날아가지 않고 남아서 이웃을 돕습니다. 이런 행동으로 미루어 보아 왕자와 제비는 자신을 희생해서라도 어려운 이웃을 돕고 싶어 한다는 것을 알 수 있습니다.

06 일이 일어난 차례에 따라 글의 내용을 요약해 봅니다.

| 어휘력 더하기 |

모양이 같은 말 (1)의 '동상'은 추위 때문에 살갗이 얼어서 상하는 일이라는 뜻이고, (2)의 '동상'은 사람이나 동물의 모습으로 만든 기념물이라는 뜻이고, (3)의 '동상'은 상을 금, 은, 동으로 나누었을 때 삼 등이 받는 상이라는 뜻입니다.

뜻이 여러 개인 말 (1)은 몸에 상처가 난다는 의미에 적합하므로 ②의 뜻으로 쓰였고, (2)는 단단한 물건이 여러 조각이 난다는 의미에 적합하므로 ①의 뜻으로 쓰였고, (3)은 약속이나 규칙들이 지켜지지 않는다는 의미에 적합하므로 ③의 뜻으로 쓰였습니다.

2일

| 독해력 기르기 |

01 트레버가 처음에 노숙자를 돕기 위해 나눠 준 것은 담요이므로, 알맞은 답은 (1)입니다.

02 트레버는 노숙자들이 추운 겨울을 힘겹게 보내는 것을 뉴스에서 보았을 때 그들을 돕고 싶어 했습니다. 추위에 떨고 있는 노숙자에게 담요를 나누어 주었을 때 고마워하는 노숙자를 보며 보람을 느꼈습니다.

03 트레버의 나눔이 노숙자에게 도움이 되고, 세상을 따뜻하게 변화시키는 행동이었기 때문에 사람들이 나눔에 동참한 것이지 트레버가 단지 어렸기 때문에 사람들이 도운 것은 아닙니다. 따라서 (3)은 글을 잘못 이해하고 한 말입니다.

04 알렉스 스콧이라는 다섯 살 소녀는 어린 나이에도 불구하고 소아암에 걸린 아이들을 돕기 위해 레몬에이드를 팔았습니다. 트레버와 알렉스 스콧은 나이는 어리지만 남을 도우려는 따뜻한 마음을 가졌다는 공통점이 있습니다.

05 트레버의 나눔 과정을 중심으로 글의 내용을 요약해 봅니다.

| 어휘력 더하기 |

낱말 퍼즐 '기증', '기부', '눈덩이', '이웃'의 뜻을 익혀 봅니다.

합쳐진 말 '쉼', '일', '놀이'와 '터'가 합쳐져 만들어진 말은 '쉼터', '일터', '놀이터'입니다.

3일 기부, 우리도 할 수 있어요 63-65쪽

어휘 알기

녹음, 참여하다, 신청하다

독해력 기르기

01 기부
02 ②
03 (1) ○ (2) ○ (3) × 04 (3) ○
05 소라
06 ① 어린이 ② 용돈 ③ 물건

어휘력 더하기

낱말의 뜻 (1) 여러 번 (2) 쓰는 (3) 같은
뜻이 비슷한 말 (1)-(나) (2)-(가) (3)-(다)

| 독해력 기르기 |

01 이 글은 어린이가 할 수 있는 기부 방법에 대해 소개하는 발표문입니다.
02 이 글에서 음식을 기부하는 방법은 설명하지 않았습니다.
03 이 글에서 기부할 때 조심해야 할 점에 대해서는 설명하지 않았습니다. 따라서 (3)은 알맞지 않은 내용입니다.
04 발표자는 기부를 어렵게 생각하거나 기부 방법을 모르는 친구들을 위해 기부 방법을 소개한다고 밝혔습니다. 따라서 발표자의 생각과 비슷한 내용은 (3)입니다.
05 ㉠은 내가 할 수 있는 작은 기부부터 시작해 보자는 내용입니다. 따라서 돈을 조금만 기부하면 창피하니까 큰돈을 모아서 한 번에 기부하겠다는 소라는 ㉠과 거리가 먼 내용을 말하고 있습니다.
06 어린이도 할 수 있는 기부 방법을 중심으로 글의 내용을 요약해 봅니다.

| 어휘력 더하기 |

낱말의 뜻 '습관'은 여러 번 되풀이하면서 몸에 밴 행동을 뜻하고, '용돈'은 웃어른이나 가족에게 타서 쓰는 돈을 뜻하고, '단체'는 목적이나 생각이 같은 사람들이 모여서 만든 모둠을 뜻하는 말입니다.
뜻이 비슷한 말 '아끼다'는 물건이나 돈, 시간 따위를 함부로 쓰지 아니한다는 뜻으로 '절약하다'와 뜻이 비슷하고, '고르다'는 여럿 중에서 가려내거나 뽑는다는 뜻으로 '골라내다'와 뜻이 비슷하고, '참여하다'는 어떤 일에 끼어들어 관계한다는 뜻으로 '참가하다'와 뜻이 비슷합니다.

4일 덕진 다리 67-69쪽

어휘 알기

이승, 사납다, 저승사자

독해력 기르기

01 쌀 02 (2) ○
03 (1)-(나) (2)-(가)
04 (2) ○
05 (2) ○
06 ① 저승 ② 덕진 ③ 다리

어휘력 더하기

장소를 나타내는 말 주막, 곳간, 고을
모양이 같은 말 (1)-(가) (2)-(나)

| 독해력 기르기 |

01 죽은 사람이 이승으로 돌아가려면 쌀 삼백 석을 바쳐야 했습니다.
02 저승 곳간은 이승에서 베푼 것들이 고대로 쌓이는 곳입니다. 따라서 원님의 저승 곳간에 짚 한 단밖에 없다는 것은 원님이 이승에서 살 때 사람들에게 베푼 것이 거의 없다는 것입니다.
03 덕진은 도움이 필요한 사람들에게 밥도 주고 옷도 주었다는 것으로 미루어 보아 마음씨가 곱다는 것을 짐작할 수 있습니다. 원님은 백성들이 굶어도 제 배만 차면 그만이었다는 것으로 미루어 보아 욕심이 많다는 것을 짐작할 수 있습니다.
04 다음 문장에서 원님이 백성을 위해 다리를 만들었다는 내용이 나오므로, ㉡에는 백성들에게 베풀기로 했다는 내용이 이어져야 자연스럽습니다.
05 저승에 다녀온 원님은 덕진이의 모습을 보고 욕심 많았던 자신의 모습을 반성하며 덕진이처럼 나누며 살았습니다. 그러므로 (2)는 글을 잘못 이해하고 말한 감상입니다.
06 원님이 겪은 일을 중심으로 글의 내용을 요약해 봅니다.

| 어휘력 더하기 |

장소를 나타내는 말 옛날에 길가에서 밥 등을 팔고, 나그네를 묵게 하던 곳은 '주막'이고, 곡식이나 물건을 넣어 두는 곳은 '곳간'이고, 옛날에 마을이나 지방을 이르던 말은 '고을'입니다.
모양이 같은 말 (1)의 '다리'는 기거나 걷거나 뛰는 일을 하는 몸의 한 부분이라는 뜻이고, (2)의 '다리'는 사람, 자동차 등이 다니게 길, 강, 바다를 가로질러 세우거나 걸쳐 놓은 시설이라는 뜻입니다.

5일 나눔을 실천하는 단체

71-73쪽

어휘 알기

대가, 구호, 긴급하다

독해력 기르기

01 (2) ○
02 (1)-㈐ (2)-㈏ (3)-㈎
03 (3) ○
04 (2) ○
05 ① 나눔 ② 어린이 ③ 치료

어휘력 더하기

합쳐진 말 먹을(거리), 볼(거리), 읽을(거리)
뜻이 비슷한 말 (1) 끼니 (2) 물 (3) 아이

| 독해력 기르기 |

01 이 글은 나눔을 실천하는 여러 단체를 소개하는 글로, 세이브 더 칠드런, 푸드 뱅크, 국경 없는 의사회를 소개하고 있습니다.
02 국경 없는 의사회는 재해나 재난으로 긴급하게 치료해야 할 사람들을 돕는 단체이고, 푸드 뱅크는 굶주리는 이웃을 위해 음식을 기부받아 나눠 주는 단체이고, 세이브 더 칠드런은 전쟁, 가난 등으로 고통받는 어린이를 돕는 나눔 단체입니다.
03 신문 기사는 어떤 단체가 러시아와 우크라이나 사이에 전쟁이 벌어져 다친 사람들을 돕고 구호 활동을 벌인다는 내용입니다. 기사의 내용과 관련된 활동을 벌이는 단체는 '국경 없는 의사회'입니다.
04 반크는 우리나라를 알리고, 우리나라에 대해 잘못 알려진 사실을 바로잡는 활동을 하는 단체이므로, 이 글에서 설명하는 나눔 단체와 성격이 다릅니다.
05 나눔을 실천하는 단체를 중심으로 글의 내용을 요약해 봅니다.

| 어휘력 더하기 |

합쳐진 말 '먹을', '볼', '읽을'과 '거리'가 합쳐져 만들어진 말은 '먹을거리', '볼거리', '읽을거리'입니다.
뜻이 비슷한 말 '밥'과 '끼니', '식수'와 '물', '어린이'와 '아이'가 서로 뜻이 비슷한 말입니다.

1일 홍당무

77-79쪽

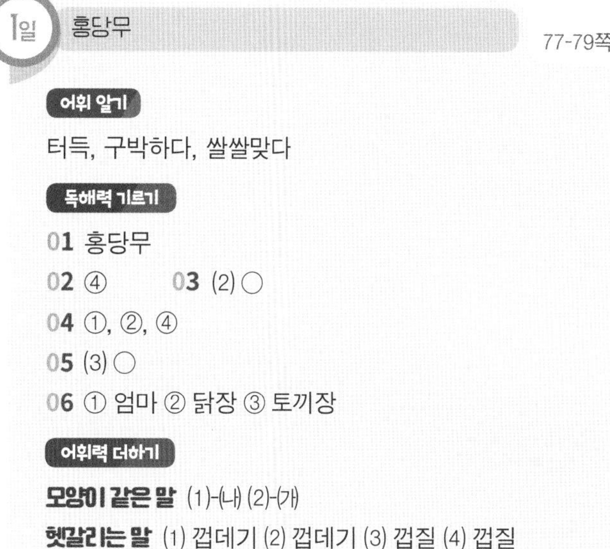
어휘 알기

터득, 구박하다, 쌀쌀맞다

독해력 기르기

01 홍당무
02 ④ 03 (2) ○
04 ①, ②, ④
05 (3) ○
06 ① 엄마 ② 닭장 ③ 토끼장

어휘력 더하기

모양이 같은 말 (1)-㈏ (2)-㈎
헷갈리는 말 (1) 껍데기 (2) 껍데기 (3) 껍질 (4) 껍질

| 독해력 기르기 |

01 이 글은 홍당무라고 불리는 소년이 가족에게 사랑받지 못하고, 엄마의 차별에 힘들어하는 내용을 담은 이야기입니다.
02 엄마는 홍당무가 막내인데도 홍당무에게만 일을 시켰습니다. 따라서 ④는 알맞지 않은 내용입니다.
03 '이때'의 앞 문장에 '가족이 수박을 먹고 나면 엄마는 수박 껍질을 토끼에게 갖다주라고 한다.'라는 내용이 나오는 것으로 미루어 보아, '이때'가 가리키는 것은 (2)라는 것을 알 수 있습니다.
04 홍당무는 가족에게 사랑받지 못하고 차별당한다고 느낍니다. 따라서 홍당무는 가족에게 섭섭하고, 가족과 함께 있어도 외로운 마음에 슬픈 감정을 느낄 것입니다.
05 엄마는 형과 누나에게는 상냥하지만 홍당무에게는 쌀쌀맞게 대하며 차별하고 구박합니다. 따라서 (3)이 홍당무의 엄마에게 해 줄 말로 알맞습니다.
06 일이 일어난 차례에 따라 글의 내용을 요약해 봅니다.

| 어휘력 더하기 |

모양이 같은 말 (1)의 '약'은 기분이 나쁘거나 비위에 거슬려 화가 발끈 나는 것이라는 뜻이고, (2)의 '약'은 병이나 상처를 낫게 하거나 예방하려고 먹거나 바르거나 주사하는 것이라는 뜻입니다.
헷갈리는 말 (1)과 (2)의 달걀과 호두는 조개처럼 겉을 감싼 물질이 단단하므로 '껍데기'로 쓰고, (3)과 (4)의 귤과 바나나는 겉을 감싼 물질이 단단하지 않으므로 '껍질'로 씁니다.

2일 누구나 차별 없이 누려야 할 권리, 인권

81-83쪽

어휘 알기

존중, 차이, 박해

독해력 기르기

01 사람답게
02 ③ 03 희민
04 ㉢
05 (3)×
06 ① 사람 ② 차별 ③ 인권

어휘력 더하기

낱말의 뜻 (1)-(다) (2)-(가) (3)-(나)
올바른 띄어쓰기 (1) ☒ (2) ☒ (3) ◎ (4) ◎

| 독해력 기르기 |

01 인권은 사람이 사람답게 살기 위해 반드시 누려야 하는 권리입니다.

02 다른 사람을 차별하면 안 되기 때문에 '차별해도 될 권리'는 인권에 속하지 않습니다.

03 옛날에는 여자가 남자보다 능력이 없다며 차별을 당했습니다.

04 제시된 글은 옛날에 미국에서 흑인이 차별을 당했던 일을 소개한 글입니다. 따라서 이 글과 관련 있는 것은 ㉢입니다.

05 다른 사람의 인권도 소중하게 생각해야지 모두의 인권이 지켜지는 사회를 만들 수 있습니다. 따라서 다른 사람의 인권보다 자신의 인권만 소중하게 생각해야 한다는 (3)은 글을 잘못 이해한 것입니다.

06 글의 내용을 처음, 가운데, 끝의 세 부분으로 요약해 봅니다.

| 어휘력 더하기 |

낱말의 뜻 '자유'는 간섭받거나 얽매이지 않고 마음대로 행동하는 것을 뜻하는 말이고, '차별'은 다르다고 해서 얕보거나 대접을 소홀하게 하는 것을 뜻하는 말이고, '평등'은 모든 사람을 똑같이 대우하고, 같은 기회를 주는 것을 뜻하는 말입니다.

올바른 띄어쓰기 '커녕'은 앞말과 붙여 씁니다. 따라서 (1)은 '밥은커녕', (2)는 '인권은커녕'으로 붙여 써야 합니다.

3일 만화 영화 속에 숨은 편견

85-87쪽

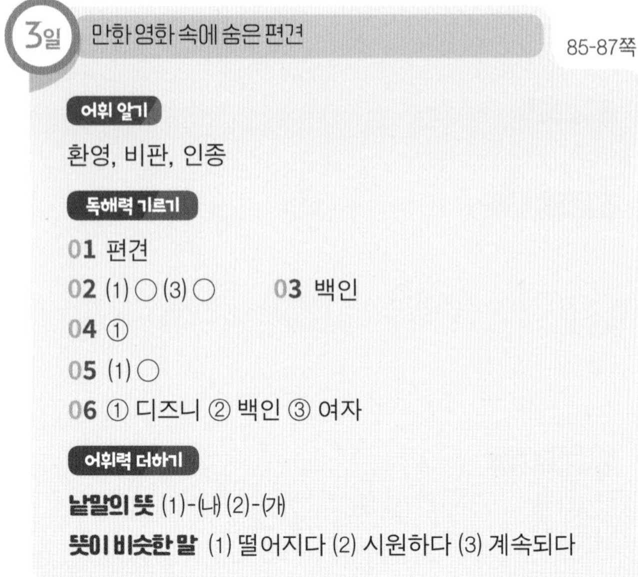

어휘 알기

환영, 비판, 인종

독해력 기르기

01 편견
02 (1)○ (3)○ 03 백인
04 ①
05 (1)○
06 ① 디즈니 ② 백인 ③ 여자

어휘력 더하기

낱말의 뜻 (1)-(나) (2)-(가)
뜻이 비슷한 말 (1) 떨어지다 (2) 시원하다 (3) 계속되다

| 독해력 기르기 |

01 글쓴이는 디즈니에서 만든 만화 영화에 편견을 심어 주는 내용이 많았다는 문제를 제기했습니다.

02 글쓴이가 디즈니 만화 영화에서 편견을 심어 주는 내용이라고 꼽은 것은 '인종'과 '여성'에 대한 내용으로, 대부분의 주인공은 백인이었고, 여자 주인공은 착하고 예쁘게만 나왔다는 점을 예로 들었습니다.

03 글쓴이는 주인공이 백인으로 나오는 만화 영화만 보게 되면 자기도 모르게 백인이 다른 인종보다 뛰어나다는 잘못된 생각을 하게 된다고 했습니다.

04 여자 주인공이 대부분 예쁘고 착하게만 나오는 만화 영화를 보게 될 때 어떤 편견이 생길지 짐작해 보는 문제입니다. 따라서 빈 곳에 들어갈 말은 '착하고 예뻐야'라는 것을 짐작할 수 있습니다.

05 <인어 공주>에서는 왕자가 위험에 빠진 인어 공주를 구해 주는데 반해, <겨울 왕국>에서는 여자 주인공들이 스스로의 힘과 노력으로 문제를 해결해 갑니다. 따라서 ㉣과 관련 있는 경험은 (1)입니다.

06 글의 내용을 처음, 가운데, 끝의 세 부분으로 요약해 봅니다.

| 어휘력 더하기 |

낱말의 뜻 '선보이다'는 어떤 것을 남 앞에 처음 내보인다는 뜻이고, '극복하다'는 어렵고 힘든 일을 잘 이겨 낸다는 뜻입니다.

뜻이 비슷한 말 '변화하다, 달라지다, 바뀌다', '씩씩하다, 용감하다, 용맹하다', '끝나다, 결말나다, 마무리되다'가 서로 뜻이 비슷한 말입니다.

4일 조선, 장애인의 자립을 돕다

89-91쪽

어휘 알기

부역, 자립, 정책

독해력 기르기

01 (2) ○

02 ①

03 민영

04 (1) ○

05 ① 직업 ② 명통시 ③ 장애인

어휘력 더하기

뜻을 더하는 말 외계(인), 장애(인), 한국(인)

한자 성어 길흉화복

| 독해력 기르기 |

01 조선 시대 때는 장애인을 무조건 불쌍히 여겨 도와줘야 한다고 생각하지 않고, 장애가 있더라도 자립이 가능하면 능력껏 일하며 살아갈 수 있게 대했습니다.

02 '명통시'는 조선의 제3대 왕인 태종이 만들었습니다.

03 조선 시대에는 시각 장애인이 나라의 관청에 속해서 일할 수 있었고, 나라에서는 다양한 정책으로 장애인을 지원했습니다. 따라서 민영이는 이 글의 내용을 잘못 이해했습니다.

04 제시된 글은 뉴욕에서 장애인 마크를 바꾼 일을 소개한 신문 기사입니다. 원래 사용하던 장애인 마크는 누군가 휠체어를 밀어주길 바라는 모습이었지만 바뀐 장애인 마크는 스스로 휠체어를 밀며 나아가는 모습이라며 장애인 마크의 변화로 장애인에 대한 생각도 달라질 거라는 내용의 기사입니다. 따라서 신문 기사와 이 글에 공통적으로 나타난 장애인에 대한 생각으로 알맞은 것은 (1)입니다.

05 글의 내용을 처음, 가운데, 끝의 세 부분으로 요약해 봅니다.

| 어휘력 더하기 |

뜻을 더하는 말 '-인'은 어떤 낱말 뒤에 붙어 '사람'의 뜻을 더하는 말입니다. 외계인, 장애인, 한국인은 모두 '-인'이 붙어 만들어진 낱말입니다.

한자 성어 살면서 겪는 좋은 일과 나쁜 일을 뜻하는 한자 성어는 '길흉화복'입니다.

5일 노동자의 권리를 찾은 전태일

93-95쪽

어휘 알기

골방, 공장, 노동자

독해력 기르기

01 (2) ○

02 (2) × 03 ②

04 (1) ○ (2) ○

05 혜린

06 ① 전태일 ② 공장 ③ 바보회

어휘력 더하기

낱말의 반대말 소년, 쉬(다), 깨(다)

뜻이 여러 개인 말 (1) ① (2) ②

| 독해력 기르기 |

01 이 글은 전태일이라는 인물이 힘들게 일하는 노동자들의 권리를 찾기 위해 노력한 실제 이야기를 다룬 글입니다.

02 전태일은 오랜 시간 힘들게 일하는 것을 당연하게 생각하지 않았습니다. 근로 기준법에서 정한 8시간만 일하고, 일주일에 한 번은 쉬어야 한다는 내용을 지키게 하기 위해 노력했습니다. 따라서 (2)는 알맞은 내용이 아닙니다.

03 전태일이 일했던 당시의 어린 노동자들은 일요일에도 일을 했습니다.

04 전태일은 법에서 정한 노동자의 권리를 찾아 사람답게 살기를 바랐습니다. 그래서 근로 기준법에 따라 노동자들이 안전하고 편안한 환경에서 힘들게 일하지 않을 권리를 위해 싸웠습니다. 따라서 (3)은 전태일이 생각한 노동자의 권리와 거리가 먼 내용입니다.

05 전태일이 법을 만들어 노동자의 권리를 사람들에게 알린 것은 아니므로 혜린이는 글을 잘못 이해하고 전태일을 평가했습니다.

06 전태일이 한 일을 중심으로 글의 내용을 요약해 봅니다.

| 어휘력 더하기 |

낱말의 반대말 '소녀'의 반대말은 '소년', '일하다'의 반대말은 '쉬다', '자다'의 반대말은 '깨다'입니다.

뜻이 여러 개인 말 (1)은 짐을 운반 도구나 탈것에 놓는다는 의미에 적합하므로 ①의 뜻으로 쓰였고, (2)는 글, 그림, 사진 들을 책이나 신문에 넣는다는 의미에 적합하므로 ②의 뜻으로 쓰였습니다.

메모